Die realen politischen, familiären und werkgeschichtlichen Ereignisse während der Entstehungszeit seines Deutschland-Romans ›Doktor Faustus‹ hat Thomas Mann in seinen Tagebüchern sorgfältig notiert. Anderthalb Jahre nach dem Abschluss, Ende Juni 1948, hatte er ein »autobiographisches Fragment, die Lebensepoche des ›Faustus‹ betreffend, im Sinn«, das über die produktiven Erlebnisse berichten sollte. Es galt aber auch so manchem Helfer Dank zu sagen, nicht zuletzt Theodor W. Adorno, der Thomas Mann in musiktheoretischen Fragen beraten hatte. So ist dieser »Roman eines Romans« ein außergewöhnliches Begleitbuch zu einem großen Werk, das auf alle persönlichen und weltgeschichtlichen Ereignisse in diesem Zusammenhang verweist.

Thomas Mann, 1875 – 1955, zählt zu den bedeutendsten Schriftstellern des 20. Jahrhunderts. Mit ihm erreichte der moderne deutsche Roman den Anschluss an die Weltliteratur. Manns vielschichtiges Werk hat eine weltweit kaum zu übertreffende positive Resonanz gefunden. Ab 1933 lebte er im Exil, zuerst in der Schweiz, dann in den USA. Erst 1952 kehrte Mann nach Europa zurück, wo er 1955 in Zürich verstarb.

Weitere Informationen, auch zu E-Book-Ausgaben, finden Sie bei www.fischerverlage.de

Thomas Mann

DIE ENTSTEHUNG
DES DOKTOR FAUSTUS

Roman eines Romans

In der Fassung der Großen kommentierten
Frankfurter Ausgabe

Fischer Taschenbuch Verlag

Textgrundlage dieses Buches ist
Thomas Mann: Große kommentierte Frankfurter Ausgabe,
Band 19.1: ›Essays VI, 1945–1950‹,
herausgegeben und textkritisch
durchgesehen von Herbert Lehnert,
Frankfurt am Main: S. Fischer Verlag 2009, S. 409–581

Kontaktadresse nach EU-Produktsicherheitsverordnung:
produktsicherheit@fischerverlage.de

2. Auflage

© 2025 S. Fischer Verlag GmbH,
Hedderichstr. 114, 60596 Frankfurt am Main
Die Nutzung unserer Werke für Text- und Data-Mining
im Sinne von § 44b UrhG behalten wir uns explizit vor.
Printed in Germany
ISBN 978-3-596-90404-4

DIE ENTSTEHUNG DES DOKTOR FAUSTUS
ROMAN EINES ROMANS

DIE ENTSTEHUNG DES DOKTOR FAUSTUS
ROMAN EINES ROMANS

> *Denn obgleich jedes dichterische Werk zur Zeit seiner*
> *Erscheinung auf sich selbst ruhen und aus sich selbst*
> *wirken soll, und ich deswegen bei keinem weder Vor- noch*
> *Nachwort, auch gegen die Kritik keine Entschuldigung*
> *geliebt, so werden doch solche Arbeiten, insofern sie in die*
> *Vergangenheit zurücktreten, unwirksamer, eben je mehr*
> *sie im Augenblick gewirkt, ja man schätzt sie weniger, je*
> *mehr sie zur Verbreitung der vaterländischen Kultur bei-*
> *getragen haben: wie die Mutter so leicht durch eine*
> *Anzahl schöner Töchter verfinstert wird. Deshalb ist es*
> *billig, ihnen einen historischen Wert zu verschaffen, in-*
> *dem man sich über ihre Entstehung mit wohlwollenden*
> *Kennern unterhält.*
>   GOETHE, DICHTUNG UND WAHRHEIT

I

Tagebuch-Notizen von 1945 zeigen mir, daß am 22. Dezember dieses Jahres der Korrespondent von »Time Magazine« in Los Angeles mich besuchte (es ist eine Stunde Wagenfahrt von Down-town bis zu unserem Landhause), um mich zur Rede zu stellen wegen einer Prophezeiung, die ich vor anderthalb Jahrzehnten getan, und die in Erfüllung zu gehen säumte. Am Schluß eines damals verfaßten, auch ins Englische übersetzten *Lebensabrisses* hatte ich im halb spielerischen Glauben an gewisse Symmetrien und Zahlenentsprechungen in meinem Leben die ziemlich bestimmte Vermutung geäußert, daß ich im Jahre 1945, siebzigjährig, im selben Alter also wie meine Mutter, das Zeitliche segnen würde. Das ins Auge gefaßte Jahr, sagte der

Mann, sei so gut wie abgelaufen, ohne daß ich Wort gehalten hätte. Wie ich es vor der Öffentlichkeit rechtfertigen wolle, daß ich immer noch am Leben sei.

Was ich erwiderte, wollte meiner Frau nicht gefallen, umso weniger, als ihr sorgsames Herz seit längerem schon um meine Gesundheit bangte. Sie suchte, mich zu unterbrechen, zu protestieren, Erklärungen nicht gelten zu lassen, die ich mir von einem Interviewer entlocken ließ, während ich sie bis jetzt damit verschont hatte. Mit dem In-Erfüllung-gehen von Prophezeiungen, sagte ich, sei es ein eigenes Ding; sie bewahrheiteten sich oft nicht wortwörtlich, sondern auf eine andeutende Weise, die etwas von ungenauer und bestreitbarer, doch aber unverkennbarer Erfüllung habe. Es gebe da Substitute. Gewiß, meine Ordnungsliebe habe nicht ausgereicht, meinen Tod herbeizuführen. Aber wie der Besucher mich da sehe, sei immerhin in dem Jahr, das ich dafür angesetzt, mein Leben – biologisch genommen – auf einen Tiefpunkt gekommen, wie es ihn noch nicht gekannt habe. Ich hoffte, daß es aus dieser Depression mit meinen vitalen Kräften noch wieder aufwärts gehen werde, aber als Bewährung meines Sehertums genüge mein gegenwärtiger Zustand mir vollkommen, und es sollte mir lieb sein, wenn er und sein sehr geschätztes Blatt sich auch daran genügen ließen.

Als ich so sprach, waren es nur drei Monate noch bis zu dem Augenblick, wo das biologische Tief, auf das ich mich berufen, seinen äußersten Punkt erreichte, eine ernste, zum chirurgischen Eingriff zwingende Krankheitskrisis alles Gewohnte für Monate unterbrach und meine Natur auf eine späte, in dieser Form keineswegs erwartete Bewährungsprobe stellte. Ich erwähne dies aber, weil eine merkwürdige Divergenz zwischen biologischer und geistiger Lebenskraft mir daraus hervorzugehen scheint. Durchaus nicht müssen die Zeiten körperlicher

Wohlfahrt und gesundheitlichen Hochstandes, Zeiten der physischen Ungestörtheit und des festen Schrittes auch die produktiv gesegneten sein. Die besten Kapitel von *Lotte in Weimar* habe ich unter den, Unerfahrenen nicht zu beschreibenden, Qualen einer wohl über ein halbes Jahr sich hinziehenden infektiösen Ischias geschrieben, den tollsten Schmerzen, die ich je ausgestanden, und denen zu entgehen man Tag und Nacht vergebens nach der rechten Position sucht. Sie existiert nicht. Nach Nächten, vor deren Wiederholung mich Gott bewahre, pflegte das Frühstück eine gewisse Besänftigung des in Entzündungsgluten stehenden Nerven zu bringen, und in irgendeiner schräg angepaßten Sitzmanier an meinem Schreibtisch vollzog ich danach die Unio mystica mit Ihm, dem »Stern der schönsten Höhe«. Immerhin ist die Ischias keine sehr tief ins Leben reichende und bei aller Tortur nicht recht ernst zu nehmende Krankheit. Die Zeit dagegen, von der ich spreche, und für die ich meinen Tod prophezeit hatte, war eine Periode wirklichen, langsam fortschreitenden Niederganges meiner Lebenskräfte, einer unverkennbaren biologischen »Abnahme«. Gerade mit ihr aber ist die Entstehung eines Werkes verbunden, das vom Augenblick seines Erscheinens an eine eigentümliche Ausstrahlungskraft bewährt hat.

Es wäre doktrinär, in der vitalen Minderung Ursache und Bedingung einer Hervorbringung sehen zu wollen, die den Stoff eines ganzen Lebens in sich aufnahm, ein ganzes Leben, halb ungewollt, halb in bewußter Anstrengung, synthetisiert und zur Einheit zusammenrafft und darum kaum umhinkann, eine gewisse Lebensgeladenheit zu bewähren. Leicht ist die Kausalität umzukehren und meine Erkrankung dem Werk zur Last zu legen, das wie kein anderes an mir gezehrt und meine innersten Kräfte in Anspruch genommen hat. Wohlwollende Beobachter meines Lebens haben das Verhältnis so gesehen und bei meinem bedenklichen Anblick nicht mit der Erklärung gezögert: »Es ist das Buch.« Und gab ich ihnen nicht recht? Es ist ein großes Wort, daß, wer sein Leben hingibt, es gewinnen wird, – ein Wort, das in der Sphäre der Kunst und Dichtung nicht weniger Heimatrecht besitzt als in der religiösen. Nie ist das Opfer des Lebens aus mangelnder Lebenskraft gebracht worden, und nicht eben auf solchen Mangel deutet es, wenn einer – seltsamer Fall! – mit siebzig Jahren sein »wildestes« Buch schreibt. Es deutete darauf auch nicht die Behendigkeit, mit der ich, gezeichnet mit einer Narbe von der Brust bis zum Rücken, zur Erheiterung der Ärzte von der Operation erstand, um dies fertig zu machen ...

Aber ich will die Geschichte des *Faustus*, eingebettet wie sie ist in den Drang und Tumult der äußeren Ereignisse, an Hand meiner knappen täglichen Aufzeichnungen von damals für mich und die Freunde zu rekonstruieren suchen.

II

November 1942 verzögerte eine Reise nach dem Osten des Kontinents die Beendigung von *Joseph, der Ernährer*, der ich während der vorangehenden Wochen, unter den Donnern der Kämpfe um das glühende und qualmende Stalingrad zugestrebt hatte. Der Ausflug, auf dem ein Vortragsmanuskript über das fast zum Abschluß gebrachte vierfache Romanwerk mich begleitete, führte über Chicago nach Washington und New York, war reich an Begegnungen, Veranstaltungen und Leistungen und brachte unter anderem ein Wiedersehen mit Princeton und den vertrauten Gestalten jener Lebensperiode: mit Frank Aydelott, Einstein, Christian Gauß, Helen Lowe-Porter, Hans Rastede von Lawrenceville School nebst seinem Kreise, Erich von Kahler, Hermann Broch und anderen. Die Tage von Chicago hatten im Zeichen des afrikanischen Krieges gestanden, erregender Nachrichten über den Durchmarsch deutscher Truppen durch den unbesetzten Teil Frankreichs, den Protest Pétains, die Verschiffung der Hitler-Corps nach Tunis, die italienische Besetzung von Corsica, die Wiedereinnahme von Tobruk. Man las von fieberhaften Schutzmaßnahmen der Deutschen überall, wo eine Invasion denkbar war, von Anzeichen für den Übergang der französischen Flotte auf die Seite der Alliierten. Washington in Kriegszustand zu sehen war mir neu und merkwürdig. Zu Gaste, wieder einmal, bei Eugene Meyer und seiner schönen Frau in ihrem Palais am Crescent Place, betrachtete ich verwundert die schwer militarisierte Gegend um das Lincoln-Memorial mit ihren Baracken, Bureauhäusern und Brücken, den unaufhörlich einrollenden, mit Kriegsmaterial beladenen Zügen. Es herrschte drückende Wärme, ein verspäteter »indian summer«. Bei einem Dinner im Haus meiner Gastfreunde, an dem der brasilianische und der tschechische Gesandte mit ihren Damen teilnahmen, drehte die Diskussion sich um die amerikanische Zusammenarbeit mit Darlan, das Problem der »expediency«. Die Meinungen waren geteilt. Ich verhehlte nicht meine Abneigung. Man hörte nach Tische die Radio-Rede Willkies, der eben von seiner One-World-Tour zurück war. Meldungen über den bedeutenden Seesieg bei den Solomons hoben die Stimmung.

Die Vortragsveranstaltung in der Library of Congress führte mich zu meiner Freude wieder mit Archibald MacLeish, damals noch Staatsbibliothekar, und seiner Frau zusammen, und als besondere Ehre empfand ich es, daß Vice-President Wallace, von MacLeish eingeführt, meiner Rede den Vorspruch gab. Die Lesung selbst, von den Zeitereignissen nicht ungefärbt, durch den Lautsprecher hörbar noch in einem zweiten dicht gefüllten Saal, fand nach so gewinnender Vorbereitung des Publikums mehr als freundliche Aufnahme. Den Abend beschloß ein figurenreicher Empfang im Meyer'schen Hause, bei dem ich mich vornehmlich zu den Männern meines Vertrauens, den Offiziosen des Roosevelt-Régimes, Wallace und Francis Biddle, dem Attorney General, hielt, dessen liebenswürdige Frau mir viel Zartes über meinen Vortrag sagte. Biddle, mit dem ich über die den »enemy aliens«, besonders den deutschen Emigranten, auferlegten Einschränkungen korrespondiert hatte, gab mir seine Absicht kund, diese Beengungen baldigst aufzuheben. Von ihm erfuhr ich auch, daß Roosevelt, dessen Verhältnis zum Vichy-Régime nicht mir allein Zweifel und Unbehagen bereitete, immerhin die Freilassung der in Nordafrika gefangengehaltenen Anti-Fascisten und Juden verlange.

Dankbar war ich unserer Hausfrau, meiner langjährigen Gönnerin, der literarisch, politisch und sozial so aktiven Agnes Meyer, für das Arrangement eines Zusammenseins mit dem Schweizer Gesandten Dr. Bruggmann und seiner Frau, einer Schwester von Henry Wallace. Der Austausch mit dem klugen und warmherzigen Vertreter des Landes, das uns fünf Jahre lang seinen Schutz geliehen, war mir lieb und wichtig. Gegenstand des Gesprächs war natürlich das dunkle Schicksal Deutschlands, seine Auswegslosigkeit, da die Möglichkeit der Kapitulation abgeschnitten schien. Das Eindringen der Russen war unserem Unterredner bereits Gewißheit.

Bedeutender noch war mir die persönliche Begegnung mit Maxim Litwinow, den unsere Wirte uns mit seiner charmanten englischen Frau zum Lunch einluden. Diese, höchst aufgeweckt, gesellschaftlich begabt und rasch von Rede, beherrschte bei Tisch die Unterhaltung. Nachher aber hatte ich Gelegenheit, dem Botschafter meine Bewunderung auszudrücken für seine politische Haltung und Tätigkeit vor dem Kriege, seine Reden im Völkerbund, sein Bestehen auf der Unteilbarkeit des Friedens. Immer sei er der einzige gewesen, der die Dinge bei ihrem rechten Namen genannt, der Wahrheit – leider vergebens – zum Wort verholfen habe. Er dankte mir mit einiger Melancholie. Seine Stimmung schien mir eher moros und bitter, – was nicht allein auf die furchtbaren Prüfungen, Opfer und Leiden zurückzuführen sein mochte, die der Krieg seinem Lande auferlegte. Mein Eindruck war, daß man ihm seine Sendung als Mittler zwischen Ost und West so schwer wie möglich mache, ja, daß seines Bleibens auf dem Botschafterposten in Washington kaum lange mehr sein werde.

In gesellschaftlich freien Stunden suchte ich das laufende Kapitel von *Joseph, der Ernährer*, eines der letzten schon, das Kapitel der Segnung der Söhne, vorwärtszutreiben. Was mir aber auffällt und mich geheimnisvoll anmutet, ist die Lektüre, mit der ich mich auf dieser Reise, in Zügen, Abendstunden, Ruhepausen, abgab, und die, entgegen meiner sonst gepflogenen Lese-Hygiene, in gar keinem Zusammenhang mit meiner aktuellen Beschäftigung, noch mit der nächstvorgesehenen stand. Es waren die Memoiren Igor Stravinskys, die ich »mit dem Bleistift«, das heißt mit Anstreichungen zum Wiedernachlesen studierte; und es waren zwei mir längst bekannte Bücher, *Nietzsches Zusammenbruch* von Podach und die Erinnerungen der Lou Andreas-Salomé an Nietzsche, die ich in jenen Tagen, ebenfalls unter Bleistift-Markierungen, wieder durchnahm. »Verhängnisvolle Mystik, unerlaubt, oft Mitleid erregend. Der ›Unselige!‹« Das ist eine Bleistiftnotiz im Tagebuch, die von dieser Lektüre zeugt. Musik also und Nietzsche. Ich wüßte keine Erklärung für solche Gedanken- und Interessenrichtung zu diesem Zeitpunkt zu geben.

In unserem New Yorker Hotel suchte uns eines Tages der Agent Armin Robinson auf, um uns, recht bestechend, den Plan eines nicht nur auf Englisch, sondern in vier, fünf anderen Sprachen noch zu veröffentlichenden Buches zu entwickeln, das den Titel »The Ten Commandments« führen sollte. Die Idee war moralisch-polemisch. Zehn international bekannte Schriftsteller sollten in dramatischen Erzählungen die verbrecherische Mißachtung des Sittengesetzes, jedes einzelnen der zehn Gebote behandeln, und von mir wünschte man, gegen ein Honorar von 1000 Dollars, eine kurze essayistische Einleitung zu dieser Sammlung. Man ist auf Reisen leichter empfänglich für solche von außen kommenden Arbeitsvorschläge, als zu Hause. Ich sagte zu und unterzeichnete zwei Tage später in dem Bureau eines Rechtsanwalts, wo ich die ebenfalls zur Mitarbeit bereite Sigrid Undset traf, einen an Fußangeln und Widerhaken reichen Vertrag, den ich kaum gelesen hatte, und mit dem ich ewig dauernde Rechte des Unternehmers auf eine Arbeit besiegelte, die noch nicht existierte, von deren Entwicklung ich keine Vorstellung hatte, und mit der ich es weit ernster nehmen sollte, als der Anlaß forderte. Ist es leichtsinnig, »die Katze im Sack zu kaufen«, so ist, sie darin zu verkaufen, noch weniger empfehlenswert.

Das erschütternde Kriegsereignis der Versenkung der französischen Flotte vor Toulon durch ihre Befehlshaber und Mannschaften fiel in unsere von Konzert- und Theaterbesuchen, Einladungen, Freundeszusammenkünften belebten Tage, in denen es immer auch allerlei zu improvisierende Gelegenheitsarbeit gab. Die sonst recht stillen Blätter des noch aus der Schweiz stammenden Schreibheftes führen nun viele Namen an – Walters und Werfels, Max Reinhardt, der Schauspieler Karlweis, Martin Gumpert, der Verleger Landshoff, Fritz von Unruh und seine Frau figurieren da, die liebenswerte alte Annette Kolb, Erich von Kahler, unsere britische Freundin aus Princeton, Molly Shenstone, und amerikanische Kollegen der jüngeren Generation wie Glenway Westcott, Charles Neider, Christopher Lazare, dazu unsere Kinder«. Wir verbrachten

»Thanksgivings-Day« zusammen mit südamerikanischen Gästen im Landhause Alfred Knopfs zu Whiteplane. In deutschsprachigem Kreise gab es Vorlesungen aus entstehenden Büchern: Kahler teilte einiges höchst Eindrucksvolle aus seiner Geistesgeschichte der Menschheit mit, die unter dem Titel Man the Measure erscheinen sollte; ich selbst ließ mich wieder einmal mit dem dankbaren Verkündigungskapitel aus Joseph, der Ernährer, auch mit den Becher- und Erkennungsszenen vernehmen und fand die beifällige Ermutigung, die Lohn und Zweck solcher mündlichen Hergabe von einigermaßen »sicheren« Stellen aus dem Werke ist, um das man sich müht. Was man an langen Vormittagen sorgsam geschmiedet, wird in rapider Lesestunde über die Hörerschaft ausgegossen, die Illusion des Improvisierten, fertig Hervorspringenden erhöht den Eindruck, und mit Hilfe der erregten Verwunderung erfreut man seinerseits sich der Illusion, daß alles zum besten stehe.

III

Über San Francisco, wo wir ein Kinderpaar, unseren jüngsten Sohn, den Musiker, und seine anmutige Schweizer Frau besuchten und das Himmelsblau der Augen meines Lieblingsenkels, des kleinen Frido, eines bezaubernden Kindes, mich wieder einmal entzückte, kehrten wir vor Mitte Dezember nach Hause zurück, und sogleich nahm ich die Arbeit am Segenskapitel wieder auf, nach dessen Abschluß nur Jaakobs Tod und Bestattung, der Gewaltige Zug von Ägypten nach Kanaan noch zu schildern war. Das Jahr 1943 war erst einige Tage alt, als ich die letzten Zeilen des vierten Joseph-Romans und damit des Gesamtwerkes niederschrieb. Ein mir merkwürdiger, aber gewiß nicht übermütiger Tag, dieser 4. Januar. Das große Erzählwerk, das mich durch all diese Jahre des Exils, die Einheit meines Lebens gewährleistend, begleitet hatte, war zustandegebracht, war abgetan, und ich war bürdelos, – ein fragwürdig-leichter Zustand für einen, der seit frühen Tagen, den Tagen der *Buddenbrooks*, unter einer weithin zu tragenden Bürde gelebt hat und ohne solche kaum recht zu leben weiß.

Antonio Borgese und seine Frau, unsere Elisabeth, waren bei uns, und im Familienkreis las ich am selben Abend die beiden Schlußkapitel vor. Der Eindruck war tröstlich. Man trank Champagner. Bruno Frank, vom Ereignis des Tages unterrichtet, rief an zur Gratulation mit freundschaftlich bewegter Stimme. Warum ich »leidend, kummervoll, quälend erregt und müde« war in den nächsten Tagen, weiß Gott allein, dessen Wissen, auch über ihn selbst, wir so viel anheimgeben müssen. Vielleicht trugen der herrschende Föhnsturm und solche Nachrichten zu meiner Verfassung bei, wie daß die Nazis in idiotischer Grausamkeit, trotz schwedischer Intervention, darauf bestanden, die dreiundachtzigjährige Witwe Max Liebermanns nach Polen zu deportieren. Sie nahm Gift statt dessen ... Dabei stießen russische Corps gegen Rostow vor, die Vertreibung der Deutschen aus dem Kaukasus war nahezu vollendet, und in einer starken, zuversichtlichen Rede vor dem neuen Kongreß kündigte Roosevelt die Invasion Europas an.

Ich nahm die Kapitel-Betitelungen des vierten Bandes, die Einteilung in sieben Hauptstücke oder »Bücher« vor und las unterdessen Dinge wie Goethes Aufsatz *Israel in der Wüste*, Freuds *Moses*, das Buch *Wüste und Gelobtes Land* von Auerbach und übrigens im Pentateuch. Längst hatte ich mich gefragt, warum ich zu jenem Buch der Celebritäten nur mit einem essayistischen Vorwort, – warum nicht lieber mit einem »Vorspiel auf der Orgel«, wie Werfel sich später ausdrückte, beitragen sollte: mit einer Erzählung von der *Erlassung* der Gebote, einer Sinai-Novelle, wie sie mir als Nachklang des *Joseph*-Epos, von dem ich noch warm war, sehr nahe lag: Notizen und Vorbereitungen dazu nahmen nur ein paar Tage in Anspruch. An einem Vormittag tat ich die fällige Radiosendung zum zehnjährigen Bestehen der Naziherrschaft ab und begann am nächsten Morgen die Moses-Erzählung zu schreiben, in deren XI. Kapitel ich schon stand, als, am 11. Februar, der Tag sich zum zehnten Male jährte, an dem wir – es war unser Hochzeitstag – München mit leichtem Gepäck verließen, ohne zu ahnen, daß wir nicht wiederkehren würden. In nicht ganz zwei Monaten, einer für meine Arbeitsart kurzen Frist, schrieb ich fast ohne Verbesserungen, die Geschichte nieder, der, zum Unterschied von der quasi-szientifischen Umständlichkeit des *Joseph*, ein Frisch-darauf-los-Tempo angeboren war. Während der Arbeit, oder vorher schon, hatte ich ihr den Titel *Das Gesetz* gegeben, womit nicht sowohl der Dekalog, als das Sittengesetz überhaupt, die menschliche Zivilisation selbst bezeichnet sein sollte. Es war mir ernst mit dem Gegenstande, so scherzhaft das Legendäre behandelt und soviel voltairisierender Spott, wiederum im Gegensatz zu den *Joseph*-Erzählungen, die Darstellung färbt. Wahrscheinlich unter dem unbewußten Einfluß von Heines Moses-Bild gab ich meinem Helden die Züge – nicht etwa von Michelangelos Moses, sondern von Michelangelo selbst, um ihn als mühevollen, im widerspenstigen menschlichen Rohstoff schwer und unter entmutigenden Niederlagen arbeitenden Künstler zu kennzeichnen. Der Fluch am Ende gegen die Elenden, denen in unseren Tagen Macht gegeben war, sein Werk, die Tafeln der Gesittung, zu schänden, kam mir von Herzen und läßt wenigstens zum Schluß keinen Zweifel an dem kämpferischen Sinn der übrigens leicht wiegenden Improvisation.

Am Morgen nach diesem Abschluß erst räumte ich das gesamte mythologisch-orientalistische Material zum *Joseph*, Bilder, Exzerpte, Entwürfe, verpackt beiseite. Die Bücher, die ich zum Zwecke gelesen, blieben, eine kleine Bibliothek für sich, auf ihren Fächern. Tisch und Schubfächer waren leer. Und nur einen Tag später, dem 15. März, um genau zu sein, taucht in meinen abendlichen Tagesrapporten das Sigel »Dr. Faust«, fast ohne Zusammenhang, zum erstenmal auf. »Durchsicht alter Papiere nach Material für ›Dr. Faust‹.« Welcher Papiere? Ich wüßte es kaum zu sagen. Aber der Vermerk, der sich am nächsten Tag wiederholt, ist verbunden mit der Erwähnung von Briefen an Professor Arlt von der University of California in Los Angeles und an MacLeish in Washington wegen leihweiser Überlassung des Volksbuches von Faust und – der Briefe Hugo Wolfs. Die Kombination weist auf eine gewisse, seit langem bestehende Umrissenheit der auch wieder sehr nebelhaften Idee, die ich verfolgte: Augenscheinlich handelte es sich um die diabolische und verderbliche Enthemmung eines – noch jeder Bestimmung entbehrenden, aber offenbar schwierigen – Künstlertums durch Intoxikation. »Vormittags in alten Notizbüchern«, heißt es unterm 17ten. »Machte den Drei-Zeilen-Plan des Dr. Faust vom Jahre 1901 ausfindig. Berührung mit der Tonio Kröger-Zeit, den Münchener Tagen, den nie verwirklichten Romanplänen ›Die Geliebten‹ und ›Maja‹. ›Kommt alte Lieb' und Freundschaft mit herauf‹. Scham und Rührung beim Wiedersehen mit diesen Jugendschmerzen ...«

Zweiundvierzig Jahre waren vergangen, seit ich mir etwas vom Teufelspakt eines Künstlers als mögliches Arbeitsvorhaben notiert, und mit dem Wiederaufsuchen, Wiederauffinden geht eine Gemütsbewegung, um nicht zu sagen: Aufgewühltheit einher, die mir sehr deutlich macht, wie um den dürftigen und vagen thematischen Kern von Anfang an eine Aura von Lebensgefühl, eine Lufthülle biographischer Stimmung lag, die die »Novelle«, meiner Einsicht recht weit voran, zum Roman vorherbestimmte. Es war diese innere Bewegung, die damals den Lakonismus meiner Tagebuchnotizen zu Selbstgesprächen erweiterte. »Erst jetzt realisiere ich, was es heißt, ohne das *Joseph*-Werk zu sein, die Aufgabe, die in dem ganzen Jahrzehnt immer neben mir, vor mir stand. Erst da auch das *Gesetz*-Nachspiel abgetan, wird mir die Neuheit und Fragwürdigkeit der Lage bewußt. Es war bequem, an dem Herangebrachten weiterzuwirken. Wird noch die Kraft zu neuen Konzeptionen da sein? Ist nicht die Thematik aufgebraucht? Und sofern sie es nicht ist – wird noch die Lust dazu aufgebracht werden? – Dunkles Wetter, regnerisch, kalt. Unter Kopfschmerzen skizziert und notiert für die Novelle. Nach Los Angeles zum Konzert, in Steinbergs Loge mit seinen Damen. Horowitz spielte das B-dur Klavierkonzert von Brahms, das Orchester die *Don Juan*-Ouvertüre und die *Pathétique* von Tschaikowsky. ›Auf vielfaches Verlangen‹, hätte man früher gesagt. Es ist aber sein Schwermutsvoll-Bestes, das Höchste ihm Erreichbare, und immer hat es sein Schönes und Ergreifendes, ein bestimmtes Talent, wer weiß durch welche Fügung der Umstände, auf den Gipfel seiner Möglichkeiten kommen zu sehen. Auch erinnerte ich mich, wie Stravinsky mir vor Jahren in Zürich seine Bewunderung für Tschaikowsky einbekannte. (Ich hatte danach gefragt.) – Beim Dirigenten im Künstlerzimmer ... Las mit Erheiterung Geschichten in *Gesta Romanorum*, ferner in *Nietzsche und die Frauen* von Brann und Stevensons Meisterstück *Dr. Jekyll and Mr. Hyde*, die Gedanken auf den Fauststoff gerichtet, der jedoch fern davon ist, Gestalt anzunehmen. Obgleich das Pathologische ins Märchenhafte zu rücken, ans Sagenmäßige anzuschließen wäre, geht eine Art von Bangigkeit davon aus, die Schwierigkeiten scheinen unüberwindlich, und die Vermutung mischt sich ein, daß ich deshalb vor dem Unternehmen zurückschrecke, weil ich es immer *als mein letztes* betrachtet habe.«

Ich lese das nach und weiß, daß es richtig war. Richtig, was das Alter der kaum definierbaren Idee, die langen Wurzeln betrifft, die davon in mein Leben hinabreichen, und richtig insofern ich sie beim Ausblick auf einen Lebensplan, der immer ein Arbeitsplan gewesen war, von jeher an das Ende gestellt hatte. Was da, vielleicht, eines späten Tages, zu machen sein würde, nannte ich im stillen meinen »Parsifal«. So sonderbar es scheinen mag, daß einer ein Alterswerk in jungen Jahren sich programmmäßig vorsetzt, – es war der Sachverhalt; und eine spezifische, in manchen kritischen Versuchen sich äußernde Vorliebe für die Betrachtung von Alterswerken, des *Parsifal* selbst, des zweiten *Faust*, des letzten Ibsen, der Stifter'schen, Fontane'schen Spätprosa, mag wohl damit zusammenhängen.

Die Frage war, ob nun die Stunde für diese von langer Hand, wenn auch noch so unscharf visierte Aufgabe gekommen war. Ein Gegeninstinkt, verstärkt durch die Ahnung, daß es mit dem »Stoff« nicht geheuer war und daß es Herzblut, viel davon, kosten werde, ihn in Gestalt zu bringen, durch die unbestimmte Vorstellung einer gewissen aufs Ganze gehenden Radikalität seiner Anforderungen, – ist unverkennbar. Dieser Instinkt wäre auf die Formel zu bringen gewesen: »Erst lieber noch etwas anderes!« Das mögliche, beträchtlichen Aufschub bietende Andere war die Aufarbeitung und Durchführung des vor dem ersten Weltkriege liegengebliebenen Roman-Fragments *Bekenntnisse des Hochstaplers Felix Krull.*

»K.« (das ist meine Frau) »erwähnt die Fortführung des *Krull*, nach der Freunde öfters verlangt haben. Ganz fremd ist der Gedanke mir nicht, aber ich erachtete den Plan, der aus Zeiten stammt, wo das Künstler-Bürger-Problem dominierte, für verjährt und überholt durch den *Joseph.* Dennoch gestern abend beim Lesen und Musikhören merkwürdig bewegte Annäherung an den Gedanken der Wiederaufnahme, hauptsächlich unter dem Gesichtspunkt der Lebenseinheit. Es hätte seinen Reiz, nach zweiunddreißig Jahren dort wieder anzuknüpfen, wo ich vor dem *Tod in Venedig* aufgehört, zu dessen Gunsten ich den *Krull* unterbrach. Alles Werk und Beiwerk seit damals erwiese sich als Einschaltung, ein Menschenalter beanspruchend, in das Unternehmen des Sechsunddreißigjährigen. – Vorteil, auf einer alten Grundlage weiterzubauen.«

Das alles heißt nur: »Lieber erst noch etwas anderes!« Und doch saß mir ein Stachel im Fleisch, der Stachel der Neugier nach dem Neuen, Gefährlichen. Es gab Ablenkungen in den nächsten Tagen. Gelegenheitsarbeiten waren abzutun, eine Sendung nach Deutschland, ein Offener Brief an Alexej Tolstoi als Beitrag zu einem russisch-amerikanischen Austausch zu schreiben. Erschütterung brachte der plötzliche Tod Heinrich Zimmers, des geistvollen Indologen und Gatten der Christiane Hofmannsthal, aus dessen großem Buch über den indischen Mythos ich den Stoff zu den *Vertauschten Köpfen* geschöpft. Nachrichten aus New York über die von Sforza, Maritain und anderen geführte Gegenbewegung gegen den Kapitalisten-Club Coudenhoves, sein reaktionäres Pan-Europa, beschäftigten mich und forderten Stellungnahme. Der Krieg in Nordafrika, wo Rommel von Montgomery zum Stehen gebracht worden, spannte die Aufmerksamkeit. Aber die erbetenen Bücher, der Volks-Faust und eine ganze Kollektion von Brief-Bänden Hugo Wolfs, von der Library of Congress zur Verfügung gestellt, trafen ein, und ungeachtet aller Expektorationen über die »Vorteile« der Wiederaufnahme des *Krull* laufen alle Tagesvermerke von Ende März und Anfang April auf Studien zum Faust-Thema hinaus.

»Auszüge aus dem Faust-Buch. Abends Lektüre darin. Zweites Bombardement Berlins in 48 Stunden ... Exzerpte aus Wolfs

Briefen. Gedanken, Träume, Notizen. Abends Wolfs Briefe an Grohe. Die Urteilslosigkeit, der törichte Humor, die Begeisterung für seine schlechten Operntexte, die Dummheiten über Dostojewsky. Euphorische Vorklänge des Wahnsinns, der dann, wie bei Nietzsche, in Größenideen sich äußert, aber nichts Großes hat. Traurige Illusionen über die Opern. Kein gescheites Wort ... Die Briefe wieder. Welche Form könnte das annehmen? Der Geist des Vortrags ist fraglich. Selbst Zeit und Ort ... Aufzeichnungen zum Faust-Thema. Nach Tische in Paul Bekkers *Musikgeschichte*, im Jahr 1927 von ihm geschenkt ›für die Eisenbahn‹. Weiteres, angelegentlich, abends darin ... Heftige und systematische Bombardements des Hitler-Kontinents. Fortschritte der Russen in der Krim. Anzeichen für das nahe Bevorstehen der europäischen Invasion ... Bei Bruno und Liesl Frank in Beverly Hills zum Abendessen. Er las seine vortrefflich gemachte Nazi-Geschichte zum Vierten Gebot. Vertrauliches über den Faust-Plan ...«

Wie, ich konnte mich alten Freunden schon darüber anvertrauen, bei gänzlicher Fraglichkeit von Form, Handlung, Vortragsart, ja Zeit und Ort? Mit welchen Worten mag es geschehen sein? Jedenfalls war es das erste Mal, daß ich, außer in Beratungen mit meiner Frau, die dem Neuen Vorschub leistete gegen das Alte, den Mund darüber auftat. Übrigens ging es mir schlecht. Ein Rachen- und Luftröhrenkatarrh machte mir trotz heiterem, warmem Wetter zu schaffen, und ich fand mich »sehr matten Geistes, unsicher und pessimistisch meiner produktiven Zukunft wegen. Und doch habe ich noch kürzlich Dinge gemacht wie *Thamar, Verkündigung* und die zweite Hälfte des *Moses*!... In Schriften über Nietzsche. Ergriffen von einem Brief Rohdes über ihn. Nachts *Kater Murr* von Hoffmann. In Bekkers Werk über das Kunstspiel bei Haydn, die Heiterkeit im Sinne des Jenseits von Scherz und Ernst, der Realitätsüberwindung«.

Ein Tag brachte trotz allem die Auflösung der Materialpakete zum *Hochstapler*, die Wiederlesung der Vorarbeiten – mit wunderlichem Ergebnis. Es war »Einsicht in die innere Verwandtschaft des Faust-Stoffes damit (beruhend auf dem Einsamkeitsmotiv, hier tragisch-mystisch, dort humoristisch-kriminell); doch scheint dieser, wenn gestaltungsfähig, der mir heute angemessenere, zeitnähere, dringendere ...« Die Waage hatte ausgeschlagen. Dem *Joseph*-Theater sollte nicht »erst noch« der Schelmenroman folgen. Der Himmel mochte geben, daß auch an dem radikal Ernsten, Drohenden, auf irgendeine Weise von Opferstimmung Umwitterten, dessen Forderung und Verheißung sich als die stärkere erwies, ein wenig Kunstspiel und -scherz, Ironie, Travestie, höherer Spaß teilhaben durfte! Die Vermerke der nächsten Wochen geben von nichts anderem mehr Kunde als von dem Sich-eingraben in den neuen Arbeitsgrund, dem Erinnern und Herbeibringen von Material, Zubehör, um dem vorschwebenden Schatten einen Körper zu schaffen.

»Über deutsches Städtewesen aus der Luther-Gegend. Dazu Medizinisches und Theologisches. Tasten, Versuchen und beginnendes Gefühl größerer Sicherheit in der Stoffsphäre. Mit K. die Bergstraße gegangen. Tagsüber in Luthers Briefen. Vorgenommen *Ulrich von Hutten* von D. Strauß. Studium von Musikbüchern vorgesetzt. Bekkers Werk mit größter Aufmerksamkeit beendet. Was noch fast völlig fehlt, ist die menschenfigürliche Ausstattung des Buches, die Füllung mit prägnanten Umgebungsfiguren. Beim *Zauberberg* war sie durch das Sanatoriumspersonal gegeben, beim *Joseph* durch die Bibel, deren Gestalten realisierend heranzubringen waren. Beim *Krull* hätte die Welt phantasmagorisch sein dürfen. Sie darf es bis zu einem gewissen Grade auch hier, doch ist mehrfache Vollrealität erfordert, und da fehlt es an Anschauungsstütze ... Irgendwie muß aus der Vergangenheit, aus Erinnerung, Bildern, Intuition geschöpft werden. Aber die Entourage ist erst zu erfinden und festzustellen ...«

Ein Brief an Professor Tillich vom Union Theological Seminary ging nach New York mit Erkundigungen über den Prozeß des Theologie-Studiums. Empfangen, merkwürdig genug, wurde gleichzeitig ein Brief Bermann Fischers, der eine schwedische Anregung übermittelte, ein Buch über Deutschland, seine Vergangenheit und Zukunft, zu schreiben. »Wenn man alles tun könnte. Aber die Forderungen der Zeit, zu denen sie sich des Mundes der Leute bedient, – man erfüllt sie im Grunde; nur auf andere Weise, als es verlangt wird.« – Immerhin, ein Dankschreiben des Office of War Information fällt auch in diese Tage, »für den Artikel über Deutschlands Zukunft, der in Schweden sehr beifällig aufgenommen worden sei.« Ich habe keine Ahnung mehr, um welchen Artikel es sich handelte.

»Klagen Fausti und Spott des ›Geistes‹ ausgezogen (als Symphonie gedacht). Notizen, Exzerpte, Überlegungen und zeitliche Berechnungen. Luthers Briefe. Dürer-Bilder. Ernest Newman: H. Wolf, englisch. Gedanken zum Zusammenhang des Sujets mit den deutschen Dingen, der deutschen Welt-Einsamkeit überhaupt. Hier liegen Symbolwerte ... Gelesen im Hexenhammer. Einzelheiten aus Münchener Jugendtagen. Figur des Rud. Schwerdtfeger, Geigers im Zapfenstößer-Orchester (!) ... Gestalten-Revue und Personennamen für den Roman. Pascal and the Medieval Definition of God von Nitze ...«

Unter solchen Umblicken und Studien ging es in den Mai 43, der zarteste, zärtlichste Eindrücke und Empfindungen in ein Mühen, Probieren, Erfinden mischte, das bereits existenzbeherrschend geworden war und alles Vorkommende in sich einbezog. Die Kinder aus San Francisco trafen zu längerem Besuch bei uns ein »mit den beiden Buben, die gut und kräftig aussehen. Bewegt, wie immer, von Fridos (des älteren) schönen Augen. Ging vor Tische mit ihm spazieren. Er aß mit uns ... Viel Scherz mit dem etwas sprechenden Bürschchen.« Dienstag, den 4.: »Mittags mit dem kleinen Fridolin auf der Promenade. Wenn es vorüber ist, sagt er ›habt‹. Dies für Nepomuk Schneidewein. Abends im Malleus Maleficarum ... Frido ist mir sehr zugetan ... Lunch mit ihm nach dem Spaziergang im ›Miramar‹, wobei der Kleine sehr artig war.« – Ein Brief an Bruno Walter nach New York fiel in diese Zeit, »nicht ohne Zusammenhang mit dem Gegenstande«, das heißt mit dem Roman-Entwurf, und übrigens voll von Geschichten und Anekdoten aus dem Zusammenleben mit dem reizenden Kind. Seine Antwort bekundete freudiges Interesse an dem Plan eines »Musiker-Romans«, zu dem ich gewiß wie wenige berufen sei, und schloß ein, was ich, ich weiß nicht mit welchen Gefühlen, »eine bemerkenswerte Anregung« nannte, nämlich den Vorschlag, Frido solle darin eine Rolle spielen – er denke sich die Episode als ein »Allegretto moderato«. – Der liebe Freund und herrliche Musiker war sich nicht vermutend, welche Unmenschlichkeit das Buch des Endes kalt durchweht –, und daß ich gehalten sein würde, die Geschichte des Gotteskindes in ganz anderem Geist zu erzählen als in dem des Allegretto moderato. –

Ein starkes Konvolut von Notizen, die Komplexität des Vorhabens bezeugend, hatte sich angesammelt: an zweihundert Halb-Quartblätter, auf denen, ungeordnet und von durchlaufenden Strichen eingefaßt, ein buntes Zubehör aus vielen Gebieten, dem sprachlichen, geographischen, politisch-gesellschaftlichen, theologischen, medizinischen, biologischen, historischen, musikalischen, sich drängte. Noch ging es weiter mit dem Zusammentragen und Einheimsen des Zweckdienlichen, und fast bin ich froh, zu sehen, daß solche Befangenheit und Fixiertheit den Sinn doch empfänglich-offen ließ für Eindrücke von außerhalb des Zauberkreises, aus der Welt des Nicht-Zugehörigen.»In der ›Nation‹ glänzender Artikel von Henry James über Dickens«, heißt es einmal,»aus dem Jahr 1864, geschrieben mit zweiundzwanzig Jahren. Erstaunlich! Wo gibt es so etwas in Deutschland? Die kritische Kultur des Westens ungeheuer überlegen ... Viel in Niebuhrs Buch Nature and Destiny of Man ... Bis nach Mitternacht Stifters wundervollen Bergkristall gänzlich gelesen.« Dann aber auch:»Der Coal Miner-Strike, schwere Krisis. Übernahme der Minen durch die Regierung. Militär zum Schutz der Arbeitswilligen, – die zu zählen sein werden ... Las Merkwürdiges über die ruhmlose Niederlage der Deutschen in Afrika. Nichts von ›bis zum letzten Blutstropfen‹, von Nazi-Fanatismus ... Mit Br. Frank abends über die neue Streikwelle hier und die Schuld der Verwaltung daran. Sorge um die amerikanische Home Front ... Schwerstes Bombardement von Dortmund mit mehr als tausend Flugzeugen. Ganz Europa im Invasionsfieber. Vorbereitungen der französischen Untergrund-Organisation. Ankündigung des Generalstreiks. Befehl an die Besatzung in Norwegen, ›bis zum letzten Mann‹ zu kämpfen, – was nie geschieht. In Afrika sind 200 000 Gefangene gemacht worden. Überlegenheit des Materials nach Quantität und Qualität erklärt den Sieg ... Erwartung der Invasion in Italien. Unternehmungen gegen Sardinien und Sizilien zeichnen sich ab ... Abends ›Love's Labour Lost‹.«

Das Shakespeare-Stück gehört zur »Sache«. Es fällt in den Kreis – um ihn das Weltgetöse. »Zum Abendessen Werfels und Franks. Gespräch über Nietzsche und das Mitleid, das er erregt – mit ihm und allgemeinerer Heillosigkeit. Begegnungen mit Schönberg und Strawinsky in Aussicht genommen ... Berechnungen von Zeit- und Altersverhältnissen im

Roman, Lebensdaten und Namen ... Über Riemenschneider und seine Zeit. Aneignungsgeschäfte. Volbachs Instrumentenkunde. Aufzeichnungen zur Feststellung von Leverkühns musikalischem Typ. Vorname für ihn Anselm, Andreas oder *Adrian*.
5 Anmerkungen zur fascistischen Zeitverfassung. Gesellschaft bei Werfels mit Schönbergs. Holte ihn viel über Musik und Komponistendasein aus, und es trifft sich gut, daß er selbst auf Verkehr der Häuser dringt... Neumanns bei uns zum Abendessen. Während die Frauen die Mahlzeit besorgten (wir sind
10 ohne Mädchen), entwickelte ich N. den Plan des Romans zu seinem erregten Staunen.«

Ich vergesse das nie. Die aufhorchende und exklamatorische Anteilnahme des getreuen, von mir immer wertgehaltenen Mannes bestätigten mir alle Lust- und Leidensverheißungen,
15 die von der in rasch fließender Rede ihm vorgetragenen Werk-Idee ausgingen. Vermutlich war es die Flucht aus den Schwierigkeiten der Kulturkrise in den Teufelspakt, der Durst eines stolzen und von Sterilität bedrohten Geistes nach Enthemmung um jeden Preis und die Parallelisierung verderblicher, in
20 den Collaps mündender Euphorie mit dem fascistischen Völkerrausch, was ihn am meisten beeindruckte. Noch auf der Heimfahrt soll er zu seiner Frau beständig von dem vertraulich Mitgeteilten gesprochen haben.

Am 23. Mai 43, einem Sonntagmorgen, kaum mehr als zwei
25 Monate nachdem ich jenes alte Notizbuch hervorgezogen, dem Datum, an dem ich auch meinen Erzähler, Serenus Zeitblom, sich an sein Werk machen lasse, begann ich *Doktor Faustus* zu schreiben.

IV

30 Zu welchem Zeitpunkt ich den Beschluß faßte, das Medium des »Freundes« zwischen mich und den Gegenstand zu schalten, also das Leben Adrian Leverkühns nicht selbst zu erzählen,

sondern es erzählen zu lassen, folglich keinen Roman, sondern eine Biographie mit allen Charakteristiken einer solchen zu schreiben, geht aus den Aufzeichnungen von damals nicht hervor. Gewiß hatte die Erinnerung an die parodistische Autobiographie Felix Krulls dabei mitgewirkt, und überdies war die Maßnahme bitter notwendig, um eine gewisse Durchheiterung des düsteren Stoffes zu erzielen und mir selbst, wie dem Leser, seine Schrecknisse erträglich zu machen. Das Dämonische durch ein exemplarisch undämonisches Mittel gehen zu lassen, eine humanistisch fromme und schlichte, liebend verschreckte Seele mit seiner Darstellung zu beauftragen, war an sich eine komische Idee, entlastend gewissermaßen, denn es erlaubte mir, die Erregung durch alles Direkte, Persönliche, Bekenntnishafte, das der unheimlichen Konzeption zu Grunde lag, ins Indirekte zu schieben und sie in der Verwirrung, dem Händezittern jener bangen Seele travestierend sich malen zu lassen.

Was ich durch die Einschaltung des Narrators gewann, war aber vor allem die Möglichkeit, die Erzählung auf doppelter Zeitebene spielen zu lassen, die Erlebnisse, welche den Schreibenden erschüttern, während er schreibt, polyphon mit denen zu verschränken, von denen er berichtet, also daß sich das Zittern seiner Hand aus den Vibrationen ferner Bombeneinschläge und aus inneren Schrecknissen zweideutig und auch wieder eindeutig erklärt.

Daß Studienrat Zeitblom an dem Tage zu schreiben beginnt, an dem ich selbst, in der Tat, die ersten Zeilen zu Papier brachte, ist kennzeichnend für das ganze Buch: für das eigentümlich *Wirkliche*, das ihm anhaftet, und das, von einer Seite gesehen, ein Kunstgriff, das spielende Bemühen um die genaue und bis zum Vexatorischen gehende Realisierung von etwas Fiktivem, der Biographie und dem Hervorbringen Leverkühns, ist, von einer anderen aber eine nie gekannte, in ihrer phantastischen Mechanik mich dauernd bestürzenden Rücksichtslosigkeit im Aufmontieren von faktischen, historischen, persönlichen, ja literarischen Gegebenheiten, so daß, kaum anders als in den »Panoramen«, die man in meiner Kindheit zeigte, das handgreiflich Reale ins perspektivisch Gemalte und Illusionäre schwer unterscheidbar übergeht. Diese mich selbst fortwährend befremdende, ja bedenklich anmutende Montage-Technik gehört geradezu zur Konzeption, zur »Idee« des Buches, sie hat zu tun mit einer seltsamen und lizenziösen seelischen Lockerung, aus der es hervorgegangen, seiner übertragenen und auch wieder baren Direktheit, seinem Charakter als Geheimwerk und Lebensbeichte, der die Vorstellung seines öffentlichen Daseins überhaupt von mir fernhielt, solange ich daran schrieb.

Die Einschwärzung lebender, schlechthin bei Namen genannter Personen unter die Figuren des Romans, von denen sie sich nun an Realität oder Irrealität nicht mehr unterscheiden, ist nur ein geringeres Beispiel für das Montageprinzip, von dem ich spreche. Da ist die Verflechtung der Tragödie Leverkühns mit derjenigen Nietzsches, dessen Name wohlweislich in dem ganzen Buch nicht erscheint, eben weil der euphorische Musiker an seine Stelle gesetzt ist, so daß es ihn nun nicht mehr geben darf; die wörtliche Übernahme von Nietzsches Kölner Bordell-Erlebnis und seiner Krankheitssymptomatik, die Ecce-Homo-Zitate des Teufels, das – kaum einem Leser bemerkliche – Zitat von Diät-Menus nach Briefen Nietzsches aus Nizza, oder das ebenfalls unauffällige Zitat von Deussens letztem Besuch mit dem Blumenstrauß bei dem in geistige Nacht Versunkenen. Das Zitat als solches hat etwas spezifisch Musikalisches, ungeachtet des Mechanischen, das ihm eignet, außerdem aber ist es Wirklichkeit, die sich in Fiktion verwandelt, Fiktion, die das Wirkliche absorbiert, eine eigentümlich träumerische und reizvolle Vermischung der Sphären. Zitat, ich brauche es nicht zu sagen, ist die Übernahme von Tschaikowskys unsichtbarer Freundin, Frau von Meck, als Madame de Tolna. Zitat die Werbegeschichte, die unvorsichtige, hier aber ins keineswegs »Unvorsichtige« umgefärbte Sendung des Freundes zur Geliebten als Antragsüberbringer. Da so viel »Nietzsche« in dem Roman ist, so viel, daß man ihn geradezu einen Nietzsche-Roman genannt hat, liegt es nahe, in dem Dreieck Adrian – Marie Godeau – Rudi Schwerdtfeger ein Zitat von Nietzsches indirekten Heiratsanträgen, bei der Lou Andreas durch Rée, bei dem Fräulein Trampedach durch Hugo von Senger (der schon halbwegs mit ihr verlobt war) zu vermuten. Es ist aber vielmehr, und zwar von Leverkühn selbst her gesehen, eine Shakespeare-Reminiszenz, – Zitat der Sonette, die Adrian immer bei sich hat, und deren »Handlung«, das Verhältnis Dichter-Geliebte-Freund, das Motiv der verräterischen Werbung also, sich auch in mehreren der Dramen wiederfindet. Diese sind bei Namen genannt, als von Büchern die Rede ist, die auf des Musikers Tische liegen: es sind *Was ihr wollt*, *Viel Lärm um nichts* und *Die beiden Veroneser*, und Adrian macht sich ein finsteres Vergnügen daraus, gegen Zeitblom, der ebensowenig etwas merkt wie der Leser, direkt Zitate aus diesen Stücken in seine Äußerungen einfließen zu lassen. Schon seine sonderbar steife Redewendung »Du könntest mich dir jetzt sehr verpflichten« ist eine Anführung und zwar aus *Viel Lärm um nichts*, dort, wo Claudio dem Prinzen seine Liebe zu Hero gesteht. Später spricht er das bittere »Denn so sind Freunde jetzt« aus den *Beiden Veronesern* und bringt so gut wie wörtlich die Verse an:

> »Wem ist zu traun, wenn unsre rechte Hand
> Sich gegen unsre Brust empört?«

Er begründet auch, in der Überredungsszene zwischen ihm und Rudi in Pfeiffering, die mir eine der liebsten des Buches ist, seine fatale Bitte mit Worten aus *Was ihr wollt*:

»Sie wird geneigter deiner Jugend horchen,
Als einem Boten ernsten Angesichts.«

Und nachher, scheinbar seine Torheit beklagend, gebraucht er, wieder aus *Viel Lärm um nichts*, gegen Zeitblom das Bild von dem albernen Schulknaben, »der voller Freuden über ein gefundenes Vogelnest es seinem Kameraden zeigt, und der stiehlt's ihm weg.« Worauf Serenus auch noch, unbewußt mitzitierend antwortet: »Du wirst aus Zutrauen keine Sünde und Schande machen. Die sind doch wohl beim Diebe.« Er hat noch Glück, daß er nicht wörtlich sagt: »Die Sünde ist beim Stehler.«

Es ist Frank Harris, der in seinem geistreichen Buch über Shakespeare wohl zuerst darauf hingewiesen hat, daß das Werbemotiv der Sonette dreimal in den Dramen wiederkehrt. Dem *Faustus* ist es aufmontiert in der Weise, daß Adrian, durch sein besonderes Verhältnis zu dem »Werber« Schwerdtfeger bestimmt, es in Aktion setzt, bewußt und düster spielerisch ein Klischee oder einen Mythos wiederholend, zu unheimlichstem Zweck. Was er an Rudi verübt, ist ein prämeditierter, vom Teufel verlangter Mord – und Zeitblom weiß es. –

Soll ich auch die von mancher Seite beanstandete Übertragung der Schönberg'schen Konzeption des Zwölf Ton- oder Reihen-Musikstils auf Adrian Leverkühn als einen solchen Montage-Akt und Raub an der Wirklichkeit anführen? Ich muß es wohl, und das Buch soll in Zukunft auf Schönbergs Wunsch, einen Nach-Vermerk führen, der für Unkundige das geistige Eigentumsrecht klarstellt. Es geschieht ein wenig gegen meine Überzeugung. Nicht so sehr, weil solche Aufklärung eine kleine Bresche in die sphärische Geschlossenheit meiner Romanwelt schlägt, als weil die Idee der Zwölf Ton-Technik in der Sphäre des Buches, dieser Welt des Teufelspaktes und der schwarzen Magie, eine Färbung, einen Charakter annimmt, die sie – nicht wahr? – in ihrer Eigentlichkeit nicht besitzt, und die sie wirklich gewissermaßen zu meinem Eigentum, das heißt: zu dem des Buches machen. Schönbergs Gedanke und meine ad hoc-Version davon treten so weit auseinander, daß es, von der Stillosigkeit abgesehen, in meinen Augen fast etwas von Kränkung gehabt hätte, im Text seinen Namen zu nennen.

V

Als ich in jener Sonntag-Morgenstunde zu schreiben begann, muß das Buch, so wenig die Aufzeichnungen das erkennen lassen und so wenig ein eigentlicher schriftlicher Entwurf vorhanden war, nach seinem Hergang, seinen Ereignissen offen und übersichtlich vor mir gelegen haben; ich muß darin Bescheid gewußt haben so weit, daß es mir möglich war, sofort mit seinem Motiv-Komplex in toto zu arbeiten, den Anfängen gleich die Tiefenperspektive des Ganzen zu geben und den von seinem Gegenstand aufgeregt erfüllten, immerfort bedrängt ins Späte vorgreifenden und sich verlierenden Biographen zu spielen. Seine Erregung aber war die meine, ich parodierte die eigene Erfülltheit und empfand als sehr wohltätig die Rolle, das Schreiben-lassen, die Indirektheit meiner Verantwortlichkeit bei so viel Entschlossenheit zum Direkten, zum Einsatz von Wirklichkeit und Lebensgeheimnis. Wie nötig waren Maske und Spiel angesichts des Ernstes meiner Aufgabe, dessen ich mir hier zum erstenmal von Anbeginn klar bewußt war. Hatte Früheres von mir, wenigstens den Maßen nach, den Charakter des Monumentalen angenommen, so war es unvermutet und gegen jedes Vorhaben geschehen: *Buddenbrooks*, *Der Zauberberg*, die *Joseph*-Romane, auch *Lotte in Weimar* sind aus ganz bescheidenen erzählerischen Absichten erwachsen, nur *Buddenbrooks* waren überhaupt als Roman gedacht und *Lotte in Weimar* allenfalls als ein kleiner, – so steht es noch auf der Titelseite der Handschrift: *Ein kleiner Roman.* Diesmal zuerst, bei dem Werk meines Alters, war es anders. Dies eine Mal wußte ich, was ich wollte und was ich mir aufgab: nichts Geringeres als den Roman meiner Epoche, verkleidet in die Geschichte eines hochprekären und sündigen Künstlerlebens. Mir war, in aller Neubegier, nicht wohl bei der Sache. Ein Werk groß zu *wollen*, es gleich als groß zu planen, war wahrscheinlich nicht das Richtige, – für das Werk weder noch für das Gemüt dessen, der seiner sich unterwand. Möglichst viel Scherz, Biographen-Mimik, das Pathos herabsetzende Selbstverspottung also – so viel wie irgend möglich davon! Und des erzählenden Humanisten Eheweib sollte Helene Ölhafen heißen.

Schon am nächsten Tag, nachdem ich begonnen, hatte ich wieder anderes, vom Tag Gefordertes zu verrichten: eine deutsche Monatssendung, zum Gedächtnis der Bücherverbrennungen, war in Fasson zu bringen. Ende Mai gab es nichts als ein Manuskript von zwei Seiten. Aber obgleich der Juni, in seiner Mitte, eine Vortragsreise nach San Francisco brachte, die nebst ihrer literarischen Vorbereitung mehr Tage, als mir lieb war, kostete, stellten während dieses Monats, in dem ich mein 68. Jahr vollendete, vier Kapitel des *Faustus* sich her, und am 28., dem Tagebuch zufolge, gab es die erste mündliche Mitteilung aus dem Roman: »Franks zum Abendessen. Später im Arbeitszimmer Vorlesung aus *Doktor Faust*, die ersten drei Kapitel. War tief bewegt, und die Hörer zeigten sich zugänglich dem Aufregenden, das von allem ausgeht.«

Straußens *Hutten*-Biographie beschäftigt mich. Die Antwort Professor Tillichs mit Informationen über das Studium der Theologie traf ein. Ich las Luthers Kommentar zur Apokalypse und Berlioz' Memoiren in englischer Übersetzung. Auf einer Abendgesellschaft bei Feuchtwangers trafen wir außer Miß Dodd, der Tochter des ehemaligen Botschafters in Hitler-Deutschland, den Schauspieler Homolka und unter anderen auch Franz Werfel, der mir bei dieser Gelegenheit zum erstenmal von seinem neuen Roman-Unternehmen, der utopischen Phantasie *Stern der Ungeborenen* und den gewaltigen Schwierigkeiten sprach, die sie biete. Brüderliche Empfindungen erfüllten mich. Da war ein Kamerad, – auch einer, der sich auf Verrücktes, wahrscheinlich nicht Mögliches eingelassen hatte ...

Einige Tage danach fiel mir Ernst Křeneks Buch *Music Here and Now* in die Hände, das sich als ein Hilfs- und Nutzwerk ersten Ranges erwies. »Lange in Křeneks *Music*« heißt es im Tagebuch zu mehreren Malen. Gleichzeitig stieß ich in irgendeiner Zeitschrift auf merkwürdige Mitteilungen über geistliche Musik bei den Pennsylvania Seventh-day Baptists, das heißt auf die wunderliche Figur jenes Johann Conrad Beißel, die ich sogleich in die Vorträge aufzunehmen beschloß, mit denen Kretzschmar, der Stotterer, dem jungen Adrian (und dem Leser) das Gebiet der Musik eröffnet, – des skurrilen »Systemherrn« und Schulmeisters, dessen Andenken dann durch den ganzen Roman spukt.

Es war fast befremdlich, welche Sorge das Technisch-musikalische mir machte, dessen Beherrschung, so weit wenigstens, daß dem Fachmann (und es gibt kein eifersüchtiger gehütetes Fach) der Spott verging, zu den Voraussetzungen des Werkes gehörte. Ich hatte doch immer der Musik nahe gewohnt, unendliche Anregung und künstlerische Belehrung von ihr empfangen, als Erzähler ihre Praktiken geübt, als kritisch Versuchender ihre Gebilde beschrieben, so daß ein Prominenter der Gilde, Ernst Toch, im Hinblick auf mein »Musizieren« einmal von der »aufgehobenen Grenze zwischen Musik als zünftigem und als universellem Element« hatte sprechen können. Das Schlimme war, daß diesmal das »Universelle« nicht ausreichte, ja daß es nahezu mit dem Pfuscherhaft-Dilettantischen zusammenfiel. Das Zünftige war gefordert. Nichts läppischer, in einem Künstler-Roman, als Kunst, Genie, Werk nur zu behaupten, nur anzupreisen, von ihren seelischen Wirkungen nur zu schwärmen. Hier galt es Realisierung, galt Exaktheit – nichts war mir klarer. »Ich werde Musik studieren müssen«, sagte ich zu meinem Bruder, als ich ihm von meinem Vorhaben erzählte. Und dabei gesteht das Tagebuch: »Technische musikalische Studien schrecken und langweilen mich.« Das heißt nicht, daß es mir an Eifer fehlte und Fleiß, in die musikalische Fach-, Lebens- und Produktionssphäre lesend und forschend einzudringen, so gut wie ich etwa beim Dienst am Joseph in die Welt des Orientalismus, des Urreligiösen und des Mythos eingedrungen war. Ich könnte einen kleinen Katalog von Büchern aufstellen, englischen und deutschen, gewiß zwei Dutzend, über Musik und Musiker, die ich »mit dem Bleistift« studierte, so angelegentlich und wachsam, wie man nur zu produktivem Zweck, um eines Werkes willen, liest. Aber eigentliches Musik-Studium war all diese Kontaktnahme nicht, sie schützte mich wenig vor der Bloßstellung meiner Unwissenheit im Exakten, und das Lebenswerk eines bedeutenden Komponisten aufzubauen, so, daß es wirklich schien, daß man es hörte, daß man daran glaubte (und nicht weniger als das verlangte ich von mir), befähigte sie mich nicht. Ich fühlte wohl, daß ich dazu der Hilfe von außen, des Ratgebers, des fachkundigen und zugleich der Absichten meiner Dichtung kundigen und wissend mitimaginierenden Instruktors bedurfte; und solche Hilfe anzunehmen war ich umso bereiter, als die Musik, sofern der Roman von ihr handelt (denn freilich praktiziert er sie auch – aber das ist eine Sache für sich), nur Vordergrund und Repräsentation, nur Paradigma war für Allgemeineres, nur Mittel, die Situation der Kunst überhaupt, der Kultur, ja des Menschen, des Geistes selbst in unserer durch und durch kritischen Epoche auszudrücken. Ein Musik-Roman? Ja. Aber er war als Kultur- und Epochen-Roman gedacht, und Unbedenklichkeit in der Annahme von Hilfe bei der exakten Realisierung des Mittels und Vordergrundes war mir das selbstverständlichste Ding von der Welt.

Der Helfer, Ratgeber, teilnehmende Instruktor wurde gefunden, – nach seiner ausnehmenden Beschlagenheit im Fachlichen und seinem geistigen Rang genau der richtige. »Buch, *Eingebung im musikalischen Schaffen* von Bahle«, heißt es unter einem frühen Datum im Juli 43. »Wichtig. Überbracht von Dr. Adorno.« Kaum sehe ich, inwiefern das genannte Buch für meine Arbeit sonderlich wichtig geworden sein sollte. Der Name des aufmerksamen Überbringers aber (der also von meinem Betreiben wußte) taucht etwa vierzehn Tage später – es war der Zeitpunkt der Einnahme von Palermo, der großen russischen Offensive, und ich stand im VII. Kapitel des *Faustus* – wieder auf. »Schrift von Dr. Adorno *Zur Philosophie der modernen Musik* ... In der Schrift von Adorno. In Adornos Manuskript, angelegentlich ... Abends weiter in der Musikschrift, die mich über manches informiert und mir zugleich die ganze Schwierigkeit meines Vorsatzes zeigt ... Beendete die Lektüre der Schrift von Adorno. Augenblicke der Erhellung über Adrians Position. Die Schwierigkeiten müssen sich erst ganz auswachsen, bevor sie überwunden werden können. Die verzweifelte Lage der Kunst: stimmigstes Moment. Hauptgedanke der erkauften Inspiration, die im Rausch darüber hinwegträgt, nicht aus dem Gesicht zu verlieren ...«

Hier war in der Tat etwas »Wichtiges«. Ich fand eine artistisch-soziologische Situationskritik von größter Fortgeschrittenheit, Feinheit und Tiefe, welche die eigentümlichste Affinität zur Idee meines Werkes, zu der »Komposition«, hatte, in der ich lebte, an der ich webte. In mir entschied es sich: »Das ist mein Mann.«

Theodor Wiesengrund-Adorno, Jahrgang 1903, ist in Frankfurt am Main geboren. Sein Vater war deutscher Jude, seine Mutter, selbst Sängerin, ist die Tochter eines französischen Offiziers korsischer – ursprünglicher genuesischer – Abstammung und einer deutschen Sängerin. Er ist ein Vetter jenes Walter Benjamin, der, von den Nazis zu Tode gehetzt, das erstaunlich scharf- und tiefsinnige Buch über das »Deutsche Trauerspiel«, eigentlich eine Philosophie und Geschichte der Allegorie, hinterließ. Adorno, wie er sich mit dem Mädchennamen seiner Mutter nennt, ist ein Mensch von ähnlicher, spröder, tragisch-kluger und exklusiver Geistesform. Aufgewachsen in einer ganz und gar von theoretischen (auch politischen) und künstlerischen, vor allem musikalischen Interessen beherrschten Atmosphäre, studierte er Philosophie und Musik und habilitierte sich 1931 als Privatdozent an der Frankfurter Universität, wo er Philosophie lehrte, bis er von den Nazis verjagt wurde. Seit 1941 lebt er, fast nachbarlich nahe bei uns, in Los Angeles.

Dieser merkwürdige Kopf hat die berufliche Entscheidung zwischen Philosophie und Musik sein Leben lang abgelehnt. Zu gewiß war es ihm, daß er in beiden divergenten Bereichen eigentlich das Gleiche verfolge. Seine dialektische Gedankenrichtung und gesellschaftlich-geschichtsphilosophische Tendenz verschränkt sich auf eine heute wohl nicht ganz einmalige, in der Problematik der Zeit begründete Weise mit der musikalischen Passion. Die Studien, welche dieser dienten, Komposition und Klavier, betrieb er anfangs bei Frankfurter Musikpädagogen, dann bei Alban Berg und Eduard Steuermann in Wien. 1928 bis 1931 war er als Redakteur des Wiener »Anbruchs« im Sinne der radikalen modernen Musik tätig.

Wie kommt es aber, daß dieser »Radikalismus«, unter dem der Laie sich eine Art von musikalischem Sansculottentum vorzustellen geneigt ist, mit dem stärksten Sinn für Tradition, mit einer ausgesprochen historischen Stimmung und dem unerbittlichsten Bestehen auf Können, Strenge und Solidität des Handwerks einhergeht, – wie ich das bei Musikern dieses Typs immer wieder gefunden habe? Was er etwa gegen Wagner auf dem Herzen hat, dieser Typ, ist nicht so sehr dessen Romantismus, seine Schwelgerei, seine »Bürgerlichkeit« oder seine Demagogie. Es ist vielmehr dies, daß er sehr oft ganz einfach »schlecht komponiert«. – Ich habe kein Urteil darüber, wie Adorno komponiert. Aber seine Kenntnis des Überlieferten, seine Beherrschung des musikalischen Gesamtbestandes ist enorm. Eine amerikanische Sängerin, die mit ihm arbeitet, sagte mir: »Es ist unglaublich. Er kennt jede Note der Welt.«

Das Manuskript, das er mir damals brachte, und dessen »Einschlägigkeit«, dessen frappantes Passen in die Sphäre meines Romans sogleich meine Aufmerksamkeit spannte, hatte im wesentlichen Schönberg, dessen Schule und die Zwölf Ton-Technik zum Gegenstande. Ohne einen Zweifel zu lassen an des Autors Durchdrungenheit von Schönbergs überragender Bedeutung, übt die Schrift doch auch eine scharfblickende, tief schürfende Kritik an dessen System, indem sie in einem äußerst konzisen, ja überschärften, an Nietzsche und mehr noch an Karl Kraus geschulten Stil das Verhängnis erörtert, das die objektiv notwendige konstruktive Erhellung der Musik aus ebenso objektiven Gründen, gleichsam über den Kopf des Künstlers hinweg, in ein Finsteres, Mythologisches zurückschlagen läßt. Was konnte sich besser fügen in meine Welt des

»Magischen Quadrats«? Ich entdeckte in mir, oder fand in mir wieder als etwas längst Vertrautes eine unbedenkliche Bereitschaft zur Aneignung dessen, was ich als mein eigen empfinde, was zu mir, das heißt zur »Sache« gehört. Die Darstellung der Reihen-Musik und ihre in Dialog aufgelöste Kritik, wie das XXII. Faustus-Kapitel sie bietet, gründet sich ganz und gar auf Adorno'sche Analysen, und das tun auch gewisse Bemerkungen über die Tonsprache des späten Beethoven, wie sie schon früh im Buch, in Kretzschmars Expektorationen vorkommen, über das geisterhafte Verhältnis also, welches der Tod stiftet zwischen Genie und Konvenienz. Auch diese Gedanken waren mir in Adornos Manuskript als »eigentümlich« vertraut entgegengetreten, und zu der – welches Wort wähle ich? – Gemütsruhe, mit der ich sie meinem Stotterer variierend in den Mund legte, habe ich nur folgendes zu sagen: Nach einem langen geistigen Wirken geschieht es sehr häufig, daß Dinge, die man voreinst in den Wind gesät, von neuerer Hand umgeprägt und in andere Zusammenhänge gestellt, zu einem zurückkehren und einen an sich selbst und das Eigene erinnern. Ideen über Tod und Form, das Ich und das Objektive mochten dem Verfasser einer fünfunddreißig Jahre zurückliegenden venezianischen Novelle wohl als Erinnerungen an sich selbst gelten. Sie mochten in der philosophischen Schrift des Jüngeren ihren Platz behaupten und daneben ihre funktionelle Rolle spielen in meinem Seelen- und Epochengemälde. Ein Gedanke als solcher wird nie viel Eigen- und Besitzwert haben in den Augen des Künstlers. Worauf es ihm ankommt, ist seine Funktionsfähigkeit im geistigen Getriebe des Werkes.

Es war gegen Ende September 43, und ich arbeitete schon am IX. Kapitel, ohne mit dem VIII., den Kretzschmar-Vorträgen, wie sie damals vorlagen, zufrieden zu sein, als ich Adorno, nach einem Abendessen bei uns, dieses VIII. zu hören gab. »Bei Tische über Einzelheiten der Musik-Philosophie. Nachher Lesung des Kapitels der Vorträge. Intimität mit der Musik rühmend bestätigt. Einwände im einzelnen, denen teils leicht, teils schwerlich Rechnung zu tragen ist. Im ganzen zur Beruhigung gedient.« – Sie hielt nicht vor, diese Beruhigung. Die nächsten Tage gehörten wieder der bessernden, reinigenden, amplifizierenden Arbeit am Vortragskapitel, und Anfang Oktober (ich war unterdessen wieder zu IX übergegangen) verbrachten wir einen Abend bei Adornos. Die Stimmung war ernst. Franz Werfel hatte seinen ersten schweren Herzanfall erlitten, von dem er sich nur mühsam zu erholen schien. Ich las drei Seiten über das Klavier, die ich kürzlich in mein bedenklich hypertrophierendes Kapitel eingeschaltet, und unser Gastgeber teilte einiges aus seinen Studien und Aphorismen über Beethoven mit, wobei ein gewisses Zitat aus des Musaeus *Rübezahl* eine Rolle spielte. Das anschließende Gespräch ging über Humanität als das geläuterte Chthonische, über Verbindungen von Beethoven zu Goethe, über das Humane als romantischen Widerspruch gegen Gesellschaft und Konvention (Rousseau) und als Auflehnung (die Prosaszene in Goethes Faust). Dann spielte mir Adorno, während ich zuschauend bei ihm am Flügel stand, die Sonate opus 111 vollständig und auf höchst instruktive Art. Ich war nie aufmerksamer gewesen, stand am nächsten Morgen früh auf und widmete drei Tage einer eingreifenden Um- und Ausarbeitung des Sonatenvortrags, die eine bedeutende Bereicherung und Verschönerung des Kapitels, ja des Buches selbst bedeutete. In die poetisierenden Wort-Unterlegungen, mit denen ich das Arietta-Thema in seiner ursprünglichen und seiner volleren Schluß-Gestalt versah, gravierte ich, als versteckte Dankbarkeitsdemonstration, den Namen »Wiesengrund«, Adornos Vatersnamen, mit ein.

Monate später, schon Anfang 1944, gelegentlich eines Zusammenseins bei uns, las ich ihm und Max Horkheimer, seinem Freunde und Kollegen vom »Institute for Social Research«, die ersten drei Kapitel des Romans und dann die opus 111-Episode vor. Der Eindruck war außerordentlich und, wie es schien, noch vertieft durch den Vergleich zwischen der so ausgesprochen deutschen Fundierung und Tönung des Buches – und meinem davon recht verschiedenen privaten Verhalten gegen das rasende Land unserer Herkunft. Adorno, musikalisch angetan und gerührt überdies durch das kleine Erinnerungsmal an seinen Unterricht, trat zu mir und sagte:

»Die ganze Nacht könnte ich zuhören!«

Ich hielt ihn nahe neben mir fortan, wohl wissend, daß ich seines Beistandes, gerade des seinen, in tieferen Fernen des Werkes bedürfen würde.

VI

Am 24. Juli 43 begingen wir den 60. Geburtstag meiner Frau, – viel nachdenkliche Erinnerung an die erste Zeit unseres Exils, an Sanary sur Mer, wo wir ihren 50. gefeiert, an den seither abgeschiedenen Freund, der damals mit uns war, René Schickele, und alles seither Durchlebte stieg dabei empor. Unter den Glückwunschtelegrammen war eines von unserer Erika, nun Kriegskorrespondentin in Kairo. Die Nachricht vom Sturz Mussolinis fiel in diese Tage, Badoglio war zum Premier und Oberbefehlshaber ernannt, und weitere Liquidierungen mußten folgen, trotz der amtlichen Versicherung, daß »das gegebene Wort gehalten, der Krieg fortgesetzt« werden sollte. Schon war die Militia von der Armee übernommen, Freuden- und Friedenskundgebungen brachen aus auf der ganzen Halbinsel, und die Umstellung der Zeitungen war vehement. »Siamo liberi!« Es war der »Corriere della Sera«, der das rief.

Ich war vertieft in Schindlers *Beethoven-Biographie*, ein geistig spießbürgerliches, aber anekdotisch anregendes und sachlich lehrreiches Buch. Das Kretzschmar-Kapitel war im Gange, aber die Aufzeichnungen jener Tage sprechen von Müdigkeit und Depression, von dem Beschluß, den Roman, dessen Fortschritte ich forciert, jetzt zurückzustellen und mich vorerst der Herstellung eines für den Herbst in Washington zugesagten Vortrags zu widmen, – in der Hoffnung, daß, wenn dies abgetan sein würde, die Lust zu dem »Teufelsbuch« sich erfrischt haben werde. »Nach siebzig Seiten hat sich der erste stürmische Anlauf erschöpft. Unterbrechung scheint notwendig, aber für anderes fühle ich mich auch nicht tauglich.« Immerhin war eine kleinere, mir kollegial am Herzen liegende Aufgabe rasch erfüllt: Die Emigration traf Vorbereitungen zur Feier von Alfred Döblins 65. Geburtstag, und für eine Sammelmappe handschriftlicher Glückwünsche, die Berthold Viertel betreute, beschrieb ich ein schönes Pergament-Folioblatt mit Worten empfundener Ehrerbietung für das machtvolle Talent des Verfassers von Berlin Alexanderplatz und des Wallenstein, der in Amerika ein beschämend unbeachtetes Dasein führte. Der Feier selbst, im Play House, Montana Avenue, bei der ein reiches Programm rezitatorischer und musikalischer Darbietungen ablief, wohnte ich bei. Mein Bruder Heinrich sprach, und eine Rede des Gefeierten selbst, gewandt und sympathisch, beschloß das Ganze. »Bei der Bowle nachher«, so ist notiert, »Gespräch mit Döblin und Ernst Toch über dessen Musik. Überraschend seine Bewunderung für Pfitzners Palestrina. Zu viel Aufhebens werde gemacht von der Atonalität. Sie sei unwesentlich. Das Ewig-Romantische der Musik ...«

Aufzeichnungen für den Vortrag und seine Organisation beschäftigten mich. Es handelte sich um die Betrachtung, die später unter dem Titel What is German in »Atlantic Monthly« erschien. Ich diktierte sie meiner Frau, amplifizierte handschriftlich, beendete das Diktat und saß nach einer Unterbrechung von vierzehn Tagen wieder, bessernd und fortschreibend, über dem Roman. Vorlesungen älterer Kapitel daraus, mit Bruno und Liesl Frank als empfänglichen Zuhörern, sollten der Belebung der Stimmung dienen. »Beunruhigende Wirkung, – die das Rechte, dem Buche Eingeborene ist.« Beunruhigend aber waren auch die äußeren Umstände, die politischen Unterströmungen des Krieges, zu denen, wie immer, vom intim Problematischen das Gespräch überging. »Mit den Freunden über das schlechte Verhältnis zu Rußland, die Uneinigkeit, das Mißtrauen, genährt durch das Ausbleiben einer wirklichen zweiten Front, die Abberufung Litwinows und Maiskys. Eindruck, daß es sich kaum noch um diesen Krieg, sondern um die Vorbereitung des nächsten handelt.« – Geschrieben August 1943 ...

Der Magnetismus eines die Seele erfüllenden Interesses ist stark und geheimnisvoll. Unter Menschen wird es, ohne wissentliches Zutun seines Trägers, das Gespräch lenken, es unwiderstehlich in seine Sphäre ziehen. Es dirigiert, formt und färbt das äußere Erlebnis, die gesellschaftlichen Begegnungen. Was an Geselligkeit damals das Gleichmaß meines Lebens unterbrach, war, wie von ungefähr, musikalisch bestimmt. »Zum Abendessen bei Schönbergs in Brentwood. Vorzüglicher Wiener Kaffee. Mit Sch. viel über Musik ...« – »Soiree bei Werfels mit Stravinsky, über Schönberg.« – »Buffet-Dinner bei Schönberg zur Feier seines 69. Geburtstags. Zahlreiche Gäste. Zu Tische mit Gustav Arlt, Klemperer, Frau Heims-Reinhardt. Längere Zeit mit Klemperer und Schönberg. Sprach zu viel ...« Zu jener Zeit sandte Schönberg mir seine *Harmonielehre*, dazu das Libretto seines Oratoriums *Die Jakobsleiter*, dessen religiöse Poesie ich unausgegoren fand. Desto stärker zog mich sein einzigartiges Lehrbuch an, dessen pädagogische Haltung ein

Schein-Konservativismus: die seltsamste Mischung von Traditionsfrömmigkeit und Revolution ist. Es war auch damals, daß Verkehr und Austausch mit Arthur Rubinstein und seinem Hause sich anbahnten. Dem Dasein dieses glückhaften Virtuosen zuzuschauen, hatte und hat einfach etwas Erquikkendes für mich. Ein umjubeltes und umworbenes Talent, das mit Schwierigkeiten nur spielt, eine blühende Häuslichkeit, unerschütterliche Gesundheit, Geld nach Belieben, die geistig-sinnliche Freude an seinen Sammlungen, kostbaren Büchern und Bildern – alles kommt zusammen, ihn zu einem der glücklichsten Menschen zu machen, denen ich begegnet bin. Er beherrscht sechs Sprachen, – wenn es nicht mehr sind. Durch sein weltbuntes, von den komischsten Charakter-Kopien durchzogenes Gespräch glänzt er im Salon, wie er auf den Podien aller Länder glänzt durch seine enorme Kunstfertigkeit. Er leugnet sein Wohlsein nicht und kennt gewiß seinen Wert. Aber ich habe mir als charakteristisch aufgeschrieben, wie der natürliche gegenseitige Respekt für das »andere« zwischen uns dialogisch wurde. Einmal, als er und seine Frau mit Stravinskys und ein paar weiteren Gästen den Abend bei uns verbracht hatten, sagte ich beim Abschied zu ihm: »Dear Mr. Rubinstein, wie sehr habe ich die Ehre, Sie bei uns zu sehen, zu schätzen gewußt.« Er lachte laut auf. »You did? Now that will be one of my fun-stories!« –

Die Arbeit am Kapitel der vier Vorträge zog sich bis tief in den September, den Monat der Einnahme von Sorrent, Capri, Ischia, der Räumung von Sardinien durch die Deutschen und ihres Rückzugs in Rußland gegen die Dnjepr-Linie, der Vorbereitungen zur Moskauer Konferenz. Spekulationen über die von Rußland und dem Westen offenbar so verschieden geplante Zukunft Deutschlands beschäftigten uns alle. Aber die Gewohnheit, die ersten Tagesstunden durchaus vom Andrang der

Ereignisse zu isolieren und während ihrer nur eine Sorge zu kennen, verhalf mir zur Konzentration. »Mit Wärme am VIII. Kapitel. Neue Arbeitsstimmung für das wunderliche und äußerst persönliche Werk ... Die Vorträge Kretzschmars werden rücksichtslos ausgeführt in der Gewißheit, daß sie *nicht* aus der Komposition fallen ... Eifrig am Kapitel geschrieben (Beethoven). Nachmittags noch ferner am Roman (schwierig) ...« Das literarische Vorkommnis dieser Tage war eine von der deutschen Kolonie stark besuchte öffentliche Vorlesung Bruno Franks, die mir zu denken gab. »Begabt und schön, wie immer, dazu ausgezeichnet gelesen. Mir merkwürdig aber: Er benutzt den humanistischen Erzähl-Stil Zeitbloms vollkommen ernst, als seinen eigenen. Ich kenne im Stilistischen eigentlich nur noch die Parodie. Darin nahe bei Joyce ...« – Die Memoiren Hector Berlioz' beschäftigen mich weiter. »Sein Spott über Palestrina. Seine Verachtung der italienischen Musikalität, übrigens auch der französischen. Mangelnder Sinn der Italiener für Instrumental-Musik. (Verdi.) Spricht ihnen auch den harmonischen Sinn ab. Bloße ›sing birds‹. Er selbst erinnert mit seiner unbändig naiven Aufschneiderei auffallend an Benvenuto Cellini.«

Das überbordende Vortragskapitel wurde in den zwanziger Tagen des September, bei Gluthitze, vorläufig abgeschlossen und das IX. begonnen, worin Adrians musikalischer Bildungsgang weitergeführt wird, und bei dem seine Beschreibung der *Leonoren*-Ouvertüre No. 3 mir am meisten Freude machte. Ich erinnere mich an einen Abend mit Leonhard Frank, der an seinem zarten Roman eines Frauenlebens, *Mathilde*, arbeitete und uns daraus vorlas. Zu meiner Überraschung legte er bei Tische das Bekenntnis seiner Ergriffenheit ab durch das, was er vom *Doktor Faustus* gehört. Er sei überzeugt, daß er kein Buch von mir mehr lieben werde als dieses. Es rühre an den Grund seines Wesens. Ich verstand wohl, um was es ihm ging. Sozialist seinem politischen Glauben nach und Verehrer Rußlands, war er zugleich erfüllt von einem neuen Gefühl für Deutschland und die Unantastbarkeit seiner Einheit, einem bei der Zähigkeit, mit der überall Hitlers Truppen noch kämpften, eigentümlich verfrüht wirkenden Patriotismus, wie er sich damals in der deutschen Emigration zu entwickeln begann, und der wenig später in Franks *Deutscher Novelle* sehr dichterischen Ausdruck finden sollte. Seine emotionelle Anteilnahme am *Faustus* war mir lieb, zugleich aber stimmte sie mich bedenklich und wollte als Warnung erfaßt sein – vor der Gefahr, mit meinem Roman einen neuen deutschen Mythos kreieren zu helfen, den Deutschen mit ihrer »Dämonie« zu schmeicheln. Dem Lob des Kollegen entnahm ich die Mahnung zu geistiger Vorsicht und dazu, die allerdings sehr deutsch gefärbte Thematik des Buchs, eine Krisen-Thematik, so vollkommen wie möglich ins allgemein Epochale und Europäische aufzulösen. Und doch habe ich mich nicht enthalten können, das Wort »deutsch« in den Untertitel aufzunehmen! Dieser lautete zu der Zeit, von der ich berichte, noch unvollständig und wenig angemessen: »Das seltsame Leben Adrian Leverkühns, erzählt von einem Freunde«. Ein Jahr später war an die Stelle des matten »seltsam« der »*deutsche Tonsetzer*« getreten.

An Unterbrechungen in der Förderung der Hauptobliegenheit durch Forderungen des Tages fehlte es nie, mochte nun eine neue Radio-Sendung nach Deutschland zu schreiben, ein Vortrag für die jüdische Frauen-Organisation »Hadassah« oder eine Rede für die Veranstaltung der »Writers in Exile« vorzubereiten sein, die Anfang Oktober im Education Building des Campus von Westwood vor einem zahlreichen Publikum stattfand. Eine Engländerin führte den Vorsitz. Es sprachen Feuchtwanger, ein Franzose namens Périgord, ein Grieche Minotis,

Professor Arlt und ich. Wieder einmal fand ich, daß das Öffentliche, der Besuch in der Menschenwelt für meinesgleichen leicht den Charakter des Phantastischen, Traumhaften und Skurrilen annimmt, so daß dieses Element bei späterer dichterischer Schilderung durchaus keine Zutat ist, sondern im Erlebnis selber liegt. Die Gattin des Griechen Minotis lag zu Hause mit Bauchfellentzündung. Der Mann war sehr bleich und trug Trauer, als ob seine Frau schon tot sei. (Ich weiß gar nicht, ob sie überhaupt gestorben ist.) Es war der Haupt-Eindruck, den ich von der Veranstaltung mit nach Hause nahm.

Eine der einschneidendsten Zäsuren aber in der Entstehungsgeschichte des *Faustus* brachte eine stationenreiche Reise nach dem Osten und nach Canada, zu der ich mich seit langem verpflichtet hatte, und die, am 9. Oktober angetreten, für volle zwei Monate meine Arbeit stillegte. Ich trennte mich nicht von dem noch schmalen Manuskript, es begleitete mich in einer auch das Vortragsmaterial bergenden und nie einem »Porter« überlassenen Mappe. In Chicago gleich, auf der Durchreise, empfing ich durch meinen Schwager, den Physiker Peter Pringsheim, von einem seiner Universitätskollegen ein beziehungsvolles Geschenk. Es war nichts Geringeres als das Zubehör zur Herstellung »osmotischer Gewächse«, wie Vater Leverkühn sie zu Anfang des Romans spekulierend entwickelt: ein Gefäß mit Wasserglas-Lösung nebst obligater Kristallsaat. Ich führte die merkwürdige Gabe wochenlang mit mir, nach Washington, New York, Boston und Montreal, und als ich dann eines Abends in unserem New Yorker Hotel, nach einem Souper bei Voisin, vor einer Gruppe von Intimen, zu der die liebe Annette Kolb, Martin Gumpert, Fritz Landshoff und unsere Erika gehörten, die ersten Kapitel von *Doktor Faustus* vorgelesen hatte, wagten wir mit humoristischem Schaudern das pseudobiologische Experiment und sahen wirklich durch die schleimige Flut die farbigen Sprießereien aufsteigen, deren Melancholie von Jonathan Leverkühn so sinnig empfunden worden war und Adrians Lachen erregt hatte.

In Washington wohnten wir, wie immer, bei unseren ältesten amerikanischen Freunden und Gönnern, Eugene und Agnes Meyer, in ihrem schönen Haus am Crescent Place, einem Zentrum des gesellschaftlichen Lebens der Stadt. Die Nachricht vom Übertritt Italiens auf die Seite der Alliierten, seiner Kriegserklärung an Deutschland erreichte uns dort. Wieder sprach ich, eingeführt von MacLeish, in der Library of Congress und zwei Tage danach im New Yorker Hunter College. Noch am gleichen Abend fuhren wir nach Boston weiter. Dort war es Gaetano Salvemini, den wiederzusehen ich mich freute, und der mich in gewinnendster Rede beim Publikum einführte. Das Gedränge war groß. Viele Hunderte hatten zurückgewiesen werden müssen, und die lautlose Aufmerksamkeit derer, die meiner fünfviertelstündigen Lesung zuhörten, hatte, wie so oft, etwas Überwältigendes für mich. »Was treibt«, fragt man sich, »diese Menschen herein? Bin ich Caruso? Was erwarten sie? Und finden sie ihre Erwartungen im geringsten erfüllt?« Es scheint so. Aber natürlich laufen die sonderbarsten Fehlschläge und Mißverständnisse mit unter, denn zur Aushilfe verkaufen die Agenten einen an Orte, wo man mit dem Seinen nichts zu suchen hat und die befremdlichste Figur macht. So war es in Manchester, einer kleinen Industriestadt, wo eine Art von provinzieller Volksversammlung mit dem guten Zweck einer Geldsammlung zur Nothilfe in kriegsleidenden Ländern abgehalten wurde. Das Ganze spielte sich bei offenen Türen, im Kommen und Gehen der Menge, unter viel Blechmusik, anfeuernden Reden und populären Späßen ab, und mein Vortrag, gründlich fehl am Ort wie er war, bildete den Schluß des bunten Programms. In aller Eile strich ich ihn auf eine halbe Stunde, im Reden auf zwanzig Minuten zusammen, aber das war immer noch viel zu lang und vor allem unangebracht in jedem Wort. Die Leute strömten, während ich sprach, aus der Halle, »to catch their busses and trains«. Am Schluß versicherte mir der Chairman, es sei sehr amüsant gewesen, und das fand ich auch. Aber die Veranstalterin, eine ernsthafte kleine Matrone, die mich immer mit Besorgnis betrachtet hatte, war anderer Meinung und so betreten, daß wir ihr nicht genug versichern konnten, wie froh wir seien, dies mitgemacht zu haben. Noch in unserem Hotelzimmerchen rief sie uns an, um zu fragen, ob sie uns nicht mit einer Flasche Milch erquicken könne.

Nach einem Besuch in Montreal, Canada, kehrten wir nach New York zurück, wo mancherlei Geschäfte mich erwarteten. Im B.B.C.-Office, an Ort und Stelle also diesmal, war eine deutsche Sendung zu sprechen, eine lecture in Columbia University zu absolvieren, eine Rede zur Feier von Alvin Johnsons 70. Geburtstag vorzubereiten. Max Reinhardt war gestorben. Ich konnte wegen heftiger Erkältung an der New Yorker Trauerfeier nicht teilnehmen, – umso weniger, als damals in deutschen Emigrantenkreisen, unterstützt von Amerikanern deutscher Herkunft, wie Niebuhr, die »Free Germany«-Bewegung an der Tagesordnung war und Ansprüche auf meine – nominell sogar führende – Beteiligung machte. Es handelte sich um die auswärtige Vorbereitung einer demokratischen deutschen Staatsführung nach Hitlers unvermeidlichem Zusammenbruch. Theologen, Schriftsteller, sozialistische und katholische Politiker gehörten zu der interessierten Gruppe. Man lag mir an, mich an ihre Spitze zu stellen. »Idealists«, schrieb damals Felix Langer in seinem Buche *Stepping Stones to Peace*, »dream of Thomas Mann as the president of the second German Republic a post which he himself would probably most decidedly refuse.« Er hatte recht. Der Gedanke, eines Tages in das verfremdete Deutschland, von dessen Zustand nach diesem Kriege ich mir ein ungefähres Bild machte, zurückzukehren und dort womöglich, gegen Natur und Beruf, eine politische Rolle zu spielen, war mir in der Seele fremd. Einig aber war ich mit den Planenden in der Überzeugung, daß ein solches zum Mitreden über Deutschlands Zukunft gewilltes Gremium der Anerkennung durch die amerikanische Regierung bedürfe, so gut wie die Paulus-Gruppe in Rußland oder die tschechische Exilregierung in England sich solcher Deckung erfreuten, und von vornherein sprach ich starke Zweifel aus, ob das State Department irgendeiner Einrichtung geneigt sein werde, die auch nur entfernt einem deutschen Government in exile ähnlich sähe. Trotzdem erklärte ich mich spontan bereit, nach Washington zu fahren, um eben diese entscheidende Frage zu klären. Das tat ich und fand in einem Gespräch mit dem Unterstaatssekretär Berle meine negativen Erwartungen bestätigt. Mit gemischten Gefühlen – denn bei allem Respekt vor den Bestrebungen meiner Landsleute war dies Ergebnis mir eine persönliche Erleichterung – berichtete ich bei erneuter Zusammenkunft den Herren von dem Mißerfolg meiner Reise.

Im Theater sahen wir Paul Robeson als Othello, – gut und überzeugend zu Anfang, in der Senatserzählung, nicht zulänglich später, wenn »das Chaos wiederkehrt«. Seine Desdemona war unvorhanden, der Jago jung, intelligent, doch nicht geschaffen zur fast schon allegorisch lachhaften Inkarnation des absolut Bösen. Wir sahen auch Modernes, in Gesellschaft unserer Freundin Caroline Newton. Die vollendete Natürlichkeit des amerikanischen Theaters war mir wieder auffällig. Man möchte nicht von »Naturalismus« reden, der ein Stil ist. Im Gegenteil handelt es sich um völlige Unstilisiertheit, die Ergötzlichkeit des Wirklichen und mehr um Enthemmtheit als um Kunst. Ein europäischer Schauspieler, und sei er nur zweiten Ranges, fällt als ein interessanter Fremdkörper aus dem Ensemble heraus. – Eine herrliche »Matinee« (nachmittags) des Busch-Quartetts in Town Hall sei nicht vergessen, – mit vollendeter Wiedergabe von Beethovens opus 132, diesem höchsten Werk, das ich, wie durch Fügung, in den Jahren des *Faustus* ein übers andere Mal, gewiß fünfmal, zu hören bekommen habe.

Anfang Dezember brachen wir nach dem Mittelwesten auf, zunächst nach Cincinnati zur Erfüllung einer Lese-Verpflichtung in der Universität, dann, unter Kriegsunbequemlichkeiten, nach St. Louis und Kansas City, wo im Hause des Präsidenten Decker Klaus, unser ältester Sohn, als amerikanischer Soldat zu uns stieß, im Begriffe, »overseas«, das heißt nach den europäischen Kriegsschauplätzen zu gehen, seinem Bruder Golo voran, der sich noch im Stadium des »basic training« befand. Erika war mit uns, auch sie zur Rückkehr nach Europa entschlossen, um ihre Tätigkeit als Kriegskorrespondentin wieder aufzunehmen. Wir begingen ein letztes Zusammensein mit diesen lieben Kindern vor einem Abschied für mutmaßlich lange Zeit.

Und so endlich denn, nach wie vielen Abenteuern, Anstrengungen, Leistungen, ging es in direktester Fahrt nach Hause zurück. In all der Zeit, an all den Orten hatte ich den Roman, ich darf wohl sagen, nicht einen Augenblick aus meinen Gedanken gelassen. Von Martin Gumpert, dem Arzt, hatte ich medizinische Werke über die Lues des Zentral-Nervensystems erhalten, in denen ich mich während der Reise umsah, und die mich wieder an das Alter einer Konzeption erinnerten, welche lange wartend hatte anstehen, lange auf ihre Stunde, auf die »Fülle der Zeit« hatte warten müssen. Mir fiel ein, daß ich schon 1905, vier Jahre also nach jener frühesten Merkzeile im Notizbuch, mich in München, beim Buchhändler Schüler,

Maximilianstraße, nach solchen Büchern erkundigt – und damit die unverkennbare freundschaftliche Besorgnis des Mannes erregt hatte. Seinen erschrocken steigenden Brauen war anzusehen, daß er ein allzu persönliches Interesse für diese Literatur bei mir vermutete.

Überhaupt war meine Lektüre in Zügen und Hotelzimmern durchaus von loserer oder engerer »Zugehörigkeit« bestimmt gewesen. Nichts anderes ging mich an, konnte mich fesseln, – ausgenommen etwa, wenn man das eine Ausnahme nennen kann, Zeitungsberichte über die Ereignisse des Tages, die Zeitbloms Angelegenheit waren, so gut wie meine: die Moskauer Konferenz Hulls, Edens und Molotows etwa und korrespondierende politisch-militärische Notversammlungen bei Marschall Keitel. Ein Band mit Schwänken des 16. Jahrhunderts hatte mich begleitet, – denn mit einem Fuß stand meine Erzählung ja immer in jener Zeit, sie war streckenweise sprachlich danach zu färben, und in freien Stunden hatte mich unterwegs das Ausziehen altdeutscher Worte und Wendungen beschäftigt. Ich las Marlowes *Faust*-Drama und ein deutsches Buch über Riemenschneider im Bauernkrieg. Mit großer Epik Fühlung zu halten, gleichsam die Kräfte in ihr zu baden, ist geboten, wenn man selbst erzählerisch Ernstes erstrebt: So las ich Jeremias Gotthelf, dessen *Schwarze Spinne* ich bewundere wie kaum ein zweites Stück Weltliteratur, las seinen so oft das Homerische berührenden *Uli der Knecht* und dessen blasseres Nachspiel *Uli der Pächter*. Die Musik, versteht sich, war nicht aus den Augen zu lassen. Sowohl Berlioz' Erinnerungen wie Adornos Manuskript über Schönberg hatte ich an mich gehalten. Seine schneidende Art zu verehren, die tragisch gescheite Unerbittlichkeit seiner Situationskritik war genau, was ich brauchte; denn was ich ihr entnehmen mochte und mir zur Darstellung der kulturellen Gesamtkrise wie der Musik im besonderen von ihr aneignete, war das Grundmotiv meines Buches: die Nähe der Sterilität, die eingeborene und zum Teufelspakt prädisponierende Verzweiflung. Außerdem fand durch diese Lektüre der musikalische Konstruktivismus Nahrung, den ich als Form-Ideal in mir trug und zu dem diesmal eine besondere ästhetische Nötigung bestand. Ich fühlte wohl, daß mein Buch selbst das werde *sein* müssen, wovon es handelte, nämlich konstruktive Musik.

Mit einer gewissen Verwunderung, aber nicht ohne Rührung lese ich wieder, was ich im Zuge von Denver nach Los Angeles beim Stoßen des Wagens in mein Tagebuch schrieb: »Möge in diesem Winter der Roman sich klären und recht gestalten! Das Vortragskapitel ist gleich von Fehlern zu befreien. Ein schweres Kunstwerk bringt, wie etwa Schlacht, Seenot, Lebensgefahr, Gott am nächsten, indem es den frommen Aufblick nach Segen, Hilfe, Gnade, eine religiöse Seelenstimmung erzeugt.«

VII

Heimkehr ist ein reizendes Abenteuer, besonders die Heimkehr an diese Küste. Ich war entzückt vom weißen Licht und spezifischen Duft, vom Himmelsblau, Sonne, dem die Brust weitenden Atem des Ozeans, der Schmuckheit und Reinlichkeit dieses Südens. Die Strecke vom Bahnhof nach Hause (fast eine Stunde lang) wieder zurückzurollen, da einem so viel bevorstand, als es in umgekehrter Richtung ging, hat etwas Unwahrscheinliches. Man hätte »es nicht gedacht«. Getreue Nachbarn, die unterdessen ein Auge auf das Unsere gehabt, die Post verwaltet hatten, brachten von dieser einen Riesensack, dazu Rahm, Kuchen und Blumen. Alfred Neumanns lieferten den Pudel wieder ab, der bei ihnen logiert hatte und nun verwirrt zwischen zweierlei Herrschaft schwankte. Um rasch in Ordnung zu kommen, übermüdet man sich mit dem Sichten und

Vernichten von angehäuften Drucksachen, der Organisation mitgebrachter und vorgefundener Briefe. Einer war dabei von Bert Brecht, streng, vorwurfsvoll, wegen meines Unglaubens an die deutsche Demokratie. Wie hatte ich ihn merken lassen, diesen Unglauben? Und traf der Vorwurf zu? Vielleicht schien mir, daß ein zu fürchterliches Stück Arbeit noch zu leisten sei, bevor deutsche Demokratie überhaupt zur Diskussion stehen würde. Freilich, daß Hitler verloren war, wußte nur er noch nicht, und obgleich, Italien etwa ausgenommen, Europa noch ganz in seinen Händen war, durfte man über sein Ende hinausdenken. Aber wie sollte man es tun? Als ich kurz nach meiner Rückkehr mich mit einem Brief der »Overseas Press« auseinanderzusetzen hatte, der für »London Evening Standard« einen Artikel über die Frage *What to do with Germany* forderte, lautete mein Selbstgespräch: »Prekär, verantwortlich und zugleich müßig. Leicht möglich, daß man der Sorge durch unvorhergesehene Entwicklungen überhoben sein wird. Mit was für einer revolutionierten, proletarisierten, nackt und bloßen, zerrütteten, glaubenslosen Volksmasse wird man es zu tun haben nach diesem Kriege! Die Ausrufung eines National-Bolschewismus und der Anschluß an Rußland sind immer noch nicht unmöglich. Für eine dezente liberal-demokratische Republik ist dieses Land verloren...«

Ich schrieb den Artikel nicht. Meine nächste Aufgabe, willig und in dankbarer Erinnerung erfüllt, war die Ausarbeitung einer Rede für die Max Reinhardt-Gedenkfeier in Los Angeles, die am 15. Dezember im Wilshire Ebell Theatre vonstatten ging. Es war wohl das erste Mal, daß die beiden Frauen, die sein Leben geteilt, Helene Thimig und Else Heims, sich in demselben Raum zusammenfanden. Korngold und Szigeti musizierten. Teile aus dem Sommernachtstraum-Film wurden gezeigt. Es sprachen Kunstgenossen und Schüler, darunter ein amerikanischer Knirps von elf oder zwölf Jahren, aus Reinhardts Theaterschule in Hollywood, der die landesübliche Unbefangenheit und »straightforwardness« im öffentlichen Reden bis zur Komik bewährte. »I don't know how to speak about Max in such a solemn way. We simply were good friends ...« – Wir beschlossen den Abend mit Franks im »Brown Derby« unter Gesprächen, denen weder das Private noch das Öffentliche heiteren Stoff geben wollte. Franz Werfels Zustand war äußerst besorgniserregend. Auch schienen die Aussichten des europäischen Krieges wieder dunkel und fragwürdig. Das desaströse Vorkommnis von Bari war eben bekannt geworden. Winston Churchill lag in Ägypten mit seiner zweiten Lungenentzündung.

Ich hatte die Umgestaltungen am VIII. Kapitel wieder begonnen, gab ihm eine neue Schlußfassung, war eines Tages der Meinung, es endgültig in Ordnung gebracht zu haben, schrieb weiter an dem schon begonnenen IX. und kehrte dann doch zu abermaligen Verbesserungen zum vorigen zurück. Mein ästhetisches Gewissen gelangte mit diesem fatalen Stück nie wirklich zum Frieden. Noch viel später schrieb ich das Schlußgespräch wieder um. Ende des Jahres stand ich inmitten des folgenden. »An IX versucht und gestrichen. Kompositionszweifel. Zu ändern. Thematisches erinnert ... Rasantes Bombardement von Berlin ... In Schönbergs Harmonielehre ... Deutsche Sendung zu schreiben begonnen ... Die Post brachte überraschende Order zur Einbürgerungsprüfung ... Gelesen in ›Lessons in Citizenship‹.« – Am 31. Dezember: »Vereinigen uns in dem Herzenswunsch, daß im kommenden wilden Jahr kein Sohn uns verlorengehen möge. An seinem ersten Tag sollen die Bemühungen um den vielleicht nicht möglichen Roman wiederaufgenommen werden. Möge es etwas Würdiges daraus machen!«

1944 war erst wenige Tage alt, als ein denkwürdiger Brief von Werfel eintraf, auf seinem Krankenlager – es mochte sein Sterbebett sein – diktiert, über *Buddenbrooks*, die er in drei Tagen wiedergelesen, und die er mit feierlichem Nachdruck ein »unsterbliches Meisterwerk« nannte. Obgleich das Jugendwerk nun so lange schon, fast ein halbes Jahrhundert lang, sein eigenes, von mir abgelöstes Leben führte und ich es kaum noch als mir zugehörig empfand, war ich tief betroffen von dieser Botschaft, die mich unter so eigentümlichen Umständen erreichte. Mein gegenwärtiges dichterisches Anliegen war ja etwas wie eine späte Rück- und Heimkehr in die deutsch-altstädtische und musikalische Sphäre jenes Erstlingsromans, und daß dieser ein so ganz und gar künstlerisches Gemüt wie das Werfels gerade jetzt wieder so sehr hatte gefangennehmen können, mußte mir merkwürdig und ergreifend sein. Im übrigen waren die Betrachtungen, die ich an den Brief knüpfte, fern von Übermut. »Ich sinne darüber«, schrieb ich, »ob es nicht dies Buch sein mag unter all den Meinen, dem bestimmt ist, zu bleiben. Vielleicht war damit meine ›Sendung‹ erfüllt und es war nur noch mein Teil, ein nachfolgendes langes Leben leidlich würdig und interessant zu erfüllen. Ich will die Lebensentfaltung nach dem Jugendwurf, durch *Zauberberg*, *Joseph*, *Lotte*, nicht undankbar verkleinern. Aber es könnte ein Fall sein wie mit dem *Freischütz*, – nach welchem noch allerlei sogar bessere, höhere Musik kam, und der doch allein im Volke lebendig geblieben ist. Immerhin, *Oberon* und *Euryanthe* sind noch im Repertoire...« – Ich war einige Tage später bei Werfel, der sehr schlecht aussah, aber sofort begann, die begeisterten Wendungen seines Briefes mündlich zu variieren. Ich stand am Fußende seines Bettes, neben dem der Sauerstoffapparat aufgebaut war, und, die Augen auf mich gerichtet, beteuerte er, fast unglaubwürdig sei es ihm, den Verfasser von *Buddenbrooks* so empirisch vor sich zu sehen...

Wie charakteristisch für ihn war die Kindlichkeit dieses Enthusiasmus! Ich habe Franz Werfel immer sehr gern gehabt, den oft begnadeten Lyriker in ihm bewundert und sein immer interessantes Erzählwerk, obgleich es zuweilen künstlerische Selbstkontrolle vermissen läßt, im Herzen hochgehalten. Das intellektuell nicht ganz reinliche Spiel mit dem Wunder in *Bernadette* war mir bedenklich, aber ich konnte seinem naiven und reich talentierten Künstlertum die mystischen Neigungen, die es mehr und mehr entwickelte, das Liebäugeln mit Rom, die fromme Schwäche fürs Kirchlich-Vatikanische nie übelnehmen, es sei denn in den unglücklichen Augenblicken, wo dies alles aggressiv-polemisch vorstieß. Er war im Grunde ein Opernmensch und konnte auch aussehen wie ein Opernsänger (der er einmal zu werden gewünscht hatte), freilich zugleich wie ein katholischer Geistlicher. Die Versuchung zur Konversion hat er standhaft abgelehnt mit der Begründung, es zieme ihm nicht, zu einer Zeit jüdischen Martyriums sein Judentum zu verleugnen. Wie er von seiner zweiten Herzattacke noch einmal »kümmerlich genas«, um, meistens allein in Santa Barbara, seinen utopischen Roman, dies seltsame und gewissermaßen postume Werk, zu vollenden, durfte ich ihn mit einzelnen Teilen des werdenden *Faustus* bekannt machen und mich seiner gespannten Anteilnahme freuen. Wir hatten mit Alma Mahler bei Romanow zu Abend gegessen und gesellten uns dann zu ihm, der zu Hause mit seinem Privatarzt gespeist hatte. Auf dem Sofa liegend hörte er sich meine ersten drei Kapitel an, und ich vergesse nicht, wie betroffen, oder soll ich sagen: ahnungsvoll beunruhigt, er sich zeigte durch Adrians *Lachen*, in dem er augenscheinlich sofort etwas Nichtgeheueres, Religiös-Dämonisches spürte, und nach dem er sich immer wieder erkundigte. »Das Lachen!«, sagte er, »Was ist es damit? O, ich weiß schon ... Wir werden sehen.« – Kundig und divinatorisch griff er da eines der kleinen Motive des Buches auf, mit denen zu arbeiten mich immer am meisten freute, wie etwa das erotische der blauen und schwarzen Augen, das Mutter-Motiv, der Parallelismus der Landschaften oder das freilich schon ins Große und Wesentliche reichende, alles durchziehende und vielfach abgewandelte Motiv der »Kälte«, das mit dem des Lachens verwandt ist.

Schon in diesem ist der Teufel, als hintergründiger Held des Buches, gestaltlos anwesend, wie auch in den »Versuchen« Vater Leverkühns, und meine Aufgabe war nun, den von Anfang an Geahnten langsam Umrisse gewinnen, mehr und mehr Gestalt und Gegenwart annehmen zu lassen, wie es in den Hallenser theologischen Kapiteln geschieht: durch die Luther-Karikatur des Professors Kumpf zunächst, der zugleich die sprachlich-altdeutsche Sphäre des Romans komisch eröffnet, so daß später eigentlich immer er es ist, der zitiert wird, – dann durch des Dozenten Schleppfuß anrüchiges Kolleg. Zu dieser Gegend des Buches war ich Mitte Februar vorgedrungen und schloß, obgleich ein Festartikel zu Bruno Walters Dirigentenjubiläum nicht die einzige Unterbrechung gewesen war, die die Hauptarbeit erlitten hatte, Anfang März die Hexennovelle und das XIII. Kapitel ab. Mein Kommentar: »Wenig Gefallen an dem Werk, das mir zu zerfließen scheint. Gewiß ist es ein originelles Unternehmen, aber ich zweifle, ob meine Kräfte reichen. Die fehlerhafte Neigung, es *Zauberberg*-artige Formen und Dimensionen annehmen zu lassen, beruht hauptsächlich auf Müdigkeit und Trägheit«. – Diese Sorge um das Auseinanderlaufen des Buches kehrt ständig wieder in den begleitenden Notizen und Rechenschaftslegungen. Der Engländer Connolly meint einmal, geistreich genug, man dürfe nicht zu »eitel« sein, um eine Sache schlecht zu machen, und nicht zu »feige«, dies einzugestehen. Nun, den Mut habe ich, einzugestehen, daß mir davor graute, eine große Sache zu verpfuschen, und daß ich oft bis zur Verzweiflung unter dem Eindruck litt, dies wirklich zu tun. Schließlich war es diese »Eitelkeit«, die Müdigkeit und Trägheit überwand und aus dem Roman die sehr feste, zusammengehaltene Komposition machte, die er ist. Im Gespräch mit Adorno, sobald ich ihn in Gesellschaft traf, suchte ich mich in der musikalischen Problematik des Buches sattelfester zu machen, wobei immer schon die Idee des »Durchbruchs«, die sehr der Klärung bedurfte, eine Rolle spielte. Anteilnehmend und beitragswillig, brachte er mir ein sehr »zugehöriges« Buch über Alban Berg, der in demselben Jahre (1885) geboren war wie Adrian, – und mit dem ich übrigens einmal in Briefwechsel gestanden hatte. Mir war das völlig entfallen, wahrscheinlich, weil mir zu jener Zeit wenig klar gewesen war, mit wem ich es zu tun hatte. Alma Mahler mußte mich daran erinnern, daß Berg mir nach dem Erscheinen der *Geschichten Jaakobs* aus Wien sehr herzlich geschrieben und daß ich ihm dankbar geantwortet hätte: Ich gäbe viel dafür, seinen Brief noch zu besitzen. Er ist, mit so vielem anderen, am Wege liegengeblieben.

In die Arbeit am XIV. Kapitel, dem der Studentengespräche, zu denen ich übrigens ein unter alten Papieren mitgeführtes Dokument, eine deutsche Jugend-Zeitschrift aus der Wandervogel-Sphäre, oder einer ähnlichen, benutzte, fiel ein denkwürdiges literarisches Vorkommnis, das mich Tage lang aufs persönlichste beschäftigte. Aus der Schweiz trafen die beiden Bände von Hermann Hesses *Glasperlenspiel* ein. Nach vieljähriger Arbeit hatte der Freund im fernen Montagnola sein schwierig-schönes Alterswerk vollendet, von dem mir bisher nur die große Einleitung durch den Vorabdruck in der »Neuen Rundschau« bekannt geworden war. Oft hatte ich davon gesagt, diese Prosa stehe mir so nahe, »als wär's ein Stück von mir«. Des

Ganzen nun ansichtig, war ich fast erschrocken über seine Verwandtschaft mit dem, was mich so dringlich beschäftigte. Dieselbe Idee der fingierten Biographie – mit den Einschlägen von Parodie, die diese Form mit sich bringt. Dieselbe Verbindung mit der Musik. Kultur- und Epochenkritik ebenfalls, wenn auch mehr träumerische Kultur-Utopie und -Philosophie, als kritischer Leidensausbruch und Feststellung unserer Tragödie. Von Ähnlichkeit blieb genug, – bestürzend viel, und der Tagebuch-Vermerk: »Erinnert zu werden, daß man nicht allein auf der Welt, immer unangenehm« – gibt diese Seite meiner Empfindungen unverblümt wieder. Es ist eine andere Fassung der Frage in Goethes Diwan: »Lebt man denn, wenn Andre leben?« und klingt übrigens an gewisse Äußerungen Saul Fitelbergs an über die Unwilligkeit der Künstler, von einander zu wissen, Äußerungen, bei denen ich aber nicht an mich dachte. Redliche Geringschätzung für die Mittelmäßigkeit, die von Meisterschaft nicht *weiß* und also ein leichtes, dummes Leben führt, gestehe ich ein und finde, daß viel zu viele Leute schreiben. Unter gleich Bedürftigen aber darf ich mich einen guten Kollegen nennen, der nicht ängstlich wegsieht von dem, was neben ihm Gutes und Großes geschieht, und der die Bewunderung viel zu sehr liebt, viel zu sehr an sie glaubt, als daß er die seine den Toten vorbehielte. Kaum je hatte es eine bessere Gelegenheit zu warmen und respektvollen Kameradschaftsgefühlen gegeben, zur Bewunderung einer reifen Meisterschaft, die, gewiß nicht ohne tiefe, verschwiegen-sorgenvolle Anstrengung, ihre Altersvergeistigung mit Humor und Kunst im Spielfähigen, Machbaren zu halten gewußt hatte. Ein vergleichendes Sich-absetzen gegen das Anerkannte verträgt sich damit sehr wohl. »Abends in Hesses Roman. ›Magister Thomas von der Trave‹ – und ›Joseph Knecht‹. Ihre verschiedene Art, das Glasperlenspiel zu traktieren, hübsch gekennzeichnet ... Die Beziehungen im Großen verblüffend. Das Meine wohl zugespitzter, schärfer, brennender, dramatischer (weil dialektischer), zeitnäher und unmittelbarer ergriffen. Seines weicher, schwärmerischer, versponnener, romantischer und verspielter (in einem hohen Sinn). Das Musikalische durchaus fromm-antiquarisch. Nach Purcell nichts Edles mehr. Liebesleid und -lust von diesem ›Roman‹ ganz ausgeschlossen und auch kaum darin vorstellbar. Der Schluß, Knechts Tod, zart homoerotisch. Sehr weit der geistige Horizont, das kulturelle Wissen. Dazu viel Scherz im biographischen Forscher-Stil; Namenskomik.« – Gerade über diese Seite des Buches, die humoristische, schrieb ich ihm, und es gefiel ihm, daß ich sie betonte.

Unsere jüngste Tochter, Antonio Borgeses Frau, war zum zweitenmal Mutter geworden, und wir verbrachten zwei Wochen, die in den April reichten, in Chicago. Bei Schneetreiben und Dunkelheit suchte ich in unserem Hotel am See das laufende Kapitel zu fördern und sorgte nebenher für eine neue deutsche Sendung – es war die über die Luft-Bombardements und über die damit gestellte Gewissensfrage. Die deutsche Ausgabe von *Joseph, der Ernährer* war kürzlich erschienen, und Bermann versorgte mich mit einer Menge Schweizer Besprechungen des Buches, pro und contra. Solch Massenkonsum öffentlicher Äußerungen über ein zurückgelegtes Werk ist verwirrend, erhitzend und äußerst fruchtlos. Dankbar gewiß für ein gutes, gescheites Wort, wie es hie und da unterläuft über ein nach seinem Wert und seinen Gebrechen nur zu wohl Bekanntes, schämt man sich der Begierde, mit der man dem ungesunden Genusse frönt, und nur stärker ist nachher das Verlangen, in neuen Dingen zu leben. Ich ging dem Werbe-Motiv bei Shakespeare weiter nach, las *Maß für Maß*, dann Flauberts *Saint Antoine* – mit Staunen über den polyhistorischen

Nihilismus des großartigen Werks, das im Grunde auch nur ein phantastischer Katalog aller menschlichen Dummheiten ist. »Der Irrsinn der religiösen Welt, lückenlos vorgeführt, – und zum Schluß dann das Antlitz Christi? Fragwürdig.« Iwan Karamasows Teufelsvision gehörte auch zu meiner Lektüre von damals. Ich las die Szene mit der distanzierten Aufmerksamkeit nach, mit der ich *Salambô* wieder durchgegangen war, bevor ich den *Joseph* zu schreiben begann.

Nach Hause zurückgekehrt, empfingen wir die Nachricht, daß auch Bruno Frank unterdessen einen schweren Herzanfall erlitten hatte und noch das Bett hütete. Die »heart attack«, als Coronartrombose oder Angina pectoris, ist die meistgenannte amerikanische Krankheit und Todesursache, aber besonders zugänglich, was kaum zu verwundern, schien das Emigrantentum ihr zu sein. Unter herzasthmatischen Beschwerden litten gleichzeitig auch Schönberg und Döblin, dem ich an seinem Garten-Krankenlager einen Besuch machte, und nicht lange, so wäre Martin Gumpert fast einer gefährlichen Anwandlung zum Opfer gefallen. Einer nach dem anderen hatte, bedingt zum Leben begnadigt, die Zigarette abzuschwören. »Man muß sich noch prächtig vorkommen«, heißt es im Tagebuch. Dabei war ich selbst recht elend. Unter dem bösen Einfluß der Chicagoer Eiswinde hatte ein Katarrh sich eingetieft, der, als Schnupfen, Bronchitis, Nebenhöhlenaffektion, Krankheitsgefühl bewirkte und nach ärztlicher Aufsicht verlangte. Ich war zu Ostern bei Husten-Medizin und Nasen-Rachen-Desinfektion ans Schlafzimmer gebunden, drängte aber gleich wieder vorwärts in dem Roman, schloß Mitte April das XIV. Kapitel und begann sofort das nächste, das ich, mit Luthers Briefen und Grimmelshausens *Simplicissimus* als begleitender Lektüre, in zehn Tagen bewerkstelligte. Es bringt den Briefwechsel zwischen Adrian und Kretzschmar und, in Adrians Schreiben, die undeklarierte Nachbildung des dritten Meistersinger-Vorspiels, an der ich Freude hatte.

Damals nahmen die Russen Odessa, und »der Feind vermochte unsere Ablösungsoperationen nicht zu stören«. Statt dessen wandte er sich gegen Sebastopol, das nun an der Reihe war. Kolossale Luftangriffe auf die »Festung Europa«, die zum guten Teil ein Gebilde der deutschen Propaganda war, wurden fast täglich gemeldet. Die Explosionen an der Invasionsküste ließen die Häuser in England erzittern. General Perkins sprach aus, die kommende Landung solle die deutschen Truppen im Westen fesseln und den Russen für ihre Offensive freie Hand geben. Sie zuerst sollten Berlin erreichen. Übrigens war die Landung technisch kaum vorstellbar, und die Opfer an Mannschaft, die sie kosten werde, wurden auf eine halbe Million geschätzt.

Die Deutschen waren in Ungarn einmarschiert, als schriebe man 1939, und verstärkten ihren Terror in Dänemark. Dabei waren die Anzeichen ihres Verzagens am Siege unverkennbar, und die Reden der Goebbels und Göring zu Hitlers Geburtstag hatten den Klang eines zersprungenen Tellers. Das »Schwarze Korps«, mir von jeher besonders zuwider durch eine gewisse literarische Fertigkeit und Schmissigkeit, brachte einen Hohn-Artikel über die mögliche Auferstehung der Weimarer Republik, die Rückkehr von Brüning, Greszinsky, Einstein, Weiß und – mir. Ich schwor mir, daß man mich nicht zu sehen bekommen werde.

Erika las uns aus ihrem liebenswürdigen Erinnerungsbuch *Alien Homeland* und weckte viele genaue Erinnerungen an 1933 wieder auf. Sie polemisierte, zu Recht für mein Gefühl, im »Aufbau« gegen den Emigrationspatriotismus der Leute vom »Democratic Germany«, der Deutschland schon wieder »frei« und groß wollte, gegen Gebietsverluste, ja gegen die Wiederabtrennung Österreichs protestierte, und – dies der Grund meiner Ablehnung – wissentlich oder unwissentlich gemeinsame Sache machte mit einem überall lebendigen sinistren Pro-Deutschtum, das besser Pro-Fascismus zu nennen gewesen wäre. Kennzeichnend dafür war ein Brief, den ich damals empfing, und worin der Schreiber, ein Professor of Literature im Staate Ohio, mich mit Vorwürfen wegen meiner *Schuld am Kriege* überschüttete. »Angreifend für das Herz«, schrieb ich, »ist auch das Närrischste.«

Der Umgang mit Stravinsky und seiner Frau, belle Russe ganz und gar, das heißt: von jener spezifisch russischen Schönheit, in der das menschlich Sympathische zur Vollendung kommt, hatte erwünschte Lebhaftigkeit gewonnen, und ein Gespräch mit ihm, gelegentlich einer Abendgesellschaft bei uns, ist mir merkwürdig geblieben, worin er sich, von Gide ausgehend, im Ausdruck zwischen deutsch, englisch und französisch wechselnd, über die *Confession* als Produkt der verschiedenen Kultursphären, der griechisch-orthodoxen, lateinisch-katholischen und protestantischen, erging. Nach seiner Meinung war Tolstoi wesentlich deutsch und protestantisch. – Ich weiß nicht mehr, von wem ich zu jener Zeit auf Voltaires *Mahomed* aufmerksam gemacht wurde, den ich, zum erstenmal, in Goethes Übersetzung las, – mit Bewunderung für die Typen- und Charakterschau weltgeschichtlichen Stils, die das geniale Stück bietet. Außerdem beschäftigte mich eine kuriose Scharteke, die ich irgendwie aufgetrieben: *Musikalische Briefe eines Wohlbekannten* (Leipzig 1852), – ein Buch von lehrreicher Komik, bürgerliches Zeitalter in Reinkultur, der Tonfall des Bildungsphilisters, wie er in Nietzsches Buche steht. Dennoch, trotz haarsträubender Naivitäten, war manches Zukömmliche daraus zu erfahren, zum Beispiel über Mendelssohn. –

Die Arbeit am Roman hatte jetzt, ungeachtet mancher

schweren Stunde, mancher Niedergeschlagenheit durch das »Bewußtsein falschen Schreibens«, etwas von dem Impetus des ersten Anlaufs zurückgewonnen. Lag es daran, daß »meine Jahreszeit«, der Mai und Juni, die Zeit meiner Geburt, da war, wo meine Lebenskräfte zu wachsen pflegen? Das XVI. Kapitel mit Adrians Brief aus Leipzig, der Nietzsches Kölner Bordell-Abenteuer »montiert«, und das XVII., die Analyse dieses Briefes durch den sorgenden Empfänger, folgten rasch aufeinander. Ich hatte mich dem hemmenden Motiv-Geschling der expositionellen Teile des Buches entwunden und sah offene Handlung vor mir, konnte die schmerzliche Liebesgeschichte mit dem giftigen Schmetterling erzählen, die h e a e es-Chiffre einprägen, die Ärzte-Groteske mit der wunderlichen Unbestimmtheit vortragen, auf die ich mir durch vieles längst zu verstehen Gegebene ein Recht gesichert hatte. Am 6. Juni, meinem 69. Geburtstag, rief morgens, bevor ich noch einen Blick in die Blätter getan, aus Washington Agnes Meyer mich an, um mit ihrem Glückwunsch die Nachricht zu verbinden, daß die *Invasion Frankreichs* in der Normandie begonnen habe. Sie war im Besitz direkter und befriedigender Nachrichten aus dem Kriegsministerium. Die Bewegung war groß, und zurückblickend auf die Abenteuer dieser elf Jahre ließ ich es mir nicht nehmen, eine sinnvolle Fügung, eine der »Stimmigkeiten« meines Lebens darin zu sehen, daß das ersehnte, kaum für möglich gehaltene Ereignis auf diesen Tag, meinen Tag, fiel. Natürlich stand der Gedanke daran, die Sorge um einen glücklichen Fortgang der Aktion im Hintergrund aller festlichen Freundlichkeiten, die der Tag mir brachte. Der Landung galt alles Gespräch mit Besuchern. Das Telephon stand nicht still. Und es will etwas heißen, daß ich auch an diesem Tage, von meinem Arbeitstisch mehrfach abgerufen, den Roman fast um das normale tägliche Pensum förderte. Abends sahen wir Werfels und Franks bei uns.«Gespräch über die Welt des Buches.« Dann: »Hörten 11 Uhr ausführliche Invasionsnachrichten aus Hollywood und London.«

VIII

Freitag, der 23. Juni 44 war, wie ich schrieb, »ein denkwürdiger Tag im Gange dieser elfjährigen Aufzeichnungen«. Wir waren sehr zeitig auf und fuhren gleich nach dem Frühstück nach Los Angeles zum Federal Building. Dort nahm ein vollbesetzter Saal uns auf, darin Beamte Anweisungen erteilten. Der »Judge« erschien, ließ sich im Podium-Stuhle nieder und hielt eine Ansprache, die durch gute Form und freundlichen Gedankengang gewiß nicht nur mir zu Herzen ging. Man erhob sich zu gemeinsamer Eidesleistung und hatte dann einzeln an anderer Stelle die Einbürgerungspapiere zu unterzeichnen. So waren wir amerikanische »citizens«, und ich denke gern – tue aber gut, mich kurz zu fassen beim Aussprechen dieses Gedankens –, daß ich es noch unter Roosevelt, in *seinem* Amerika geworden bin.

Zu Adrians Leipziger Brief, einem tour de force und einem der Sorgenpunkte des Buches, kehrte ich aus späteren Abschnitten noch wiederholt, unzufrieden ändernd, zurück: »Wie man es macht, ist es falsch. Bin ich gezwungen, den Stoff auszutrocknen und zu verderben? –« Es waren Augenblicke – und recht ausgedehnte zuweilen – gequälter Müdigkeit. Vielleicht trugen mangelhafte Gesundheit und ein zu niedriger Blutdruck – eine der weniger günstigen Wirkungen des kalifornischen Klimas – die Schuld daran. Ich war appetitlos, dyspeptisch, matt und überkritisch gegen alles, was ich tat. Der Arzt verordnete Atropin, Salzsäure, Vitamin-Injektionen, – deren einziger Nutzen nach meiner Erfahrung in dem Bewußtsein besteht, daß etwas geschieht. Viel besser schlugen die Nachrichten von Cherbourg an, Meldungen wie die von der

Kapitulation des deutschen Generals und Admirals nach heroischen Radiogrammen an den Führer. Die beiden waren zum Frühstück eingeladen gewesen und hatten ihre Leute unter Sterbebefehl, der Ordre des Kampfes bis zum letzten Mann, zurückgelassen. Man kämpfte schon um Caën, im Grunde schon um Paris. Im Osten stand Minsk vor dem Fall, und nach Einnahme dieses Platzes kam ein russischer Vormarsch von fast unheimlicher Schnelligkeit in Fluß, bei dem die stärksten Festungen (Lemberg, Brest-Litowsk) wie reife Pflaumen fielen. Schönberg, und nicht er allein unter meinen Bekannten, glaubte damals steif und fest an ein abgekartetes Spiel, an eine Übereinkunft, durch welche allein der Kontrast zwischen der zähen deutschen Verteidigung in Italien und Frankreich und dem widerstandslosen Weichen im Osten sich erklären lasse. Aber war denn, nach allem, was geschehen, eine Verständigung der Russen mit dem gegenwärtigen deutschen Régime denkbar? Die Möglichkeit, daß Deutschland seinen einzigen Ausweg darin finden möchte, sich in die Arme Rußlands zu werfen, hatte auch ich oft in Betracht gezogen. Daß es ihm jetzt noch freistände, war stark zu bezweifeln, und ich fand jenen ziemlich weit verbreiteten Verdacht phantastisch. Übrigens verlangte Goebbels im »Reich«, während die »Robots« in England ihre Verwüstungen anrichteten, nach Frieden mit den Angelsachsen, beschuldigte Rußland und stellte nach alter, bewährter Art, die nur im Augenblick sich nicht bewähren wollte, alles auf die Angst vor dem Bolschewismus ab.

Sainte Beuves meisterhafter Essay über Molière kam mir damals zum erstenmal in die Hände, ein glänzendes Stück kritischer Seligpreisung, umschwebt von allen Geistern französischer Tradition und Kultur. Die zweifelhafte Stellung des Dichter-Schauspielers in seiner Zeit und Gesellschaft, eine Stellung, die derjenigen Shakespeares sehr ähnlich gewesen sein muß, ist ergreifend herausgearbeitet. Ludwig XIV. legte ihm Geflügel vor, aber den königlichen Offizieren war sein Verkehr nicht gut genug, und selbst Boileau bedauerte seinen »närrischen Einschlag«. Dabei zählt Sainte Beuve ihn zu den fünf oder sechs Genies der Welt, die, zwischen primitiven und zivilisierten, homerischen und alexandrinischen Epochen mitteninne wirkend, noch naiv und schon klug, in ihrer Fülle, Fruchtbarkeit, Leichtigkeit auch die Größten noch überragen, und zu denen er offenbar Goethe zum Beispiel nicht rechnet. Auch dieser selbst hat das wohl nicht getan, er hätte sonst Shakespeare nicht sein Leben lang so hoch über sich gesehen. Aber es finden sich Kennzeichnungen Goethes bei dem französischen Kenner, die das deutsche Ohr sonderbar scharf, wenn auch nicht untreffend, berühren. Er spricht von Molières Gefaßtheit, Selbstbeherrschung, Kühle und Luzidität in der Glut; aber diese gewohnheitsmäßige Kälte mitten im rührendsten Stück habe nichts mit der berechneten, eisigen Unparteilichkeit zu tun, wie man sie bei Goethe, diesem Talleyrand der Kunst, sehe. »Solche kritischen Raffinements im Schoße der Poesie waren damals noch nicht aufgekommen.« – Der Kritiker ist gegen die »kritischen Raffinements«. Im Grunde ist wohl einfach der Historiker gegen die Modernität. Was aber den »Talleyrand« in Goethe betrifft, so hat auch Byron ihn einen »alten Fuchs« genannt, und zwar anläßlich der »Wahlverwandtschaften«. – – In einem Schweizer Blatt las ich über den französischen Dichter St. John-Perse und notierte sein Urteil über Voltaires »Karl XII.«: »Außerordentlich, aber nicht groß.« Eine bemerkenswerte Unterscheidung! ... Jacob Burckhardt war es, der über Voltaire gesagt hatte: »Bei ihm wird der Rationalismus dichterisch, ja magisch.« – Den deutschen Schriftsteller möchte ich sehen, der diesen Satz aus der Feder brächte! Die Schweiz ist das Land, wo auf deutsch das wohltuend Undeutsche gesagt wird. Darum liebe ich sie. – Viel belehrte ich mich jetzt über Kierkegaard, sonderbarerweise bevor ich mich entschloß, ihn selbst zu lesen. Adorno hatte mir seine bedeutende Arbeit über ihn zugestellt. Ich studierte sie zusammen mit dem glänzenden Essay von Brandes. Eine Stelle bei Kierkegaard, die ich auszog, lautet: »Der Humorist stellt beständig die Gottesvorstellung mit etwas anderem zusammen und bringt den Widerspruch hervor, aber verhält sich nicht selbst in religiöser Leidenschaft (stricte sic dictus) zu Gott; er verwandelt sich selbst zu einer *scherzenden und tiefsinnigen Durchgangsstelle* für diesen ganzen Umsatz, aber verhält sich nicht selbst zu Gott.« – Sein Stil, wenigstens auf deutsch, ist nicht gut. Aber wie neu und tief, diese Bestimmung des Humors! Welche großartige Klugheit der Beobachtung! – Der Musik, beim abendlichen Radiohören und Plattenspiel, galt sachlichste Aufmerksamkeit. Es fügte sich, daß wir wiederholt Kammermusik bei uns im Hause hatten. Der holländische Cellist Vandenburg, die Geiger Temianka und Pollack kamen und spielten mit einem oder dem anderen Freunde zuweilen vor einem Kreis von Gästen Quartette von Haydn, Mozart, Beethoven (132!), Mendelssohn, Brahms und Dvořák. Michael, unser Jüngster, zu Besuch wieder einmal mit den Seinen bei uns, beteiligte sich als Bratschist daran. Frido erschien diesmal zuerst mit kurzem Haar. »Für den Kleinen gezeichnet«, heißt es öfters. »Frido, nervös verstimmt, viel bei mir.«

Die Russen standen vor Warschau, bedrohten Memel. In Paris wütete die Besatzungsmacht mit Hilfe der Collaborateurs gegen die immer stärker ihr Haupt erhebende Résistance. Entsetzliche Nachrichten über das Anwachsen der Juden-Massaker in Europa drangen durch; Meldungen sodann über das Generalsattentat auf Hitler, den Fehlschlag der Aufstandsbewegung, die Massentötung von Armee-Offizieren, die vollständige Nazifizierung des Heeres und eine Art von Mobilisierung des Volkes, Goebbels' »totalen Krieg«. – Ein langer Brief an den Präsidenten Beneš ging damals ab, worin ich für meinen Verzicht auf die tschechische Staatsbürgerschaft, die Annahme der amerikanischen, um Verständnis bat. Ich erhielt liebenswürdigste Antwort. Im Roman war das Portrait Rüdiger Schildknapps an der Tagesordnung, ein künstlerisch gelungenes Stück, dessen menschliche Gewagtheit – denn um ein Portrait handelte es sich allerdings, und zwar um ein stilisiertes, dessen Lebendigkeit von der des Modells recht verschieden ist – damals überhaupt mein Bewußtsein nicht berührte. Dazu war Europa, war Deutschland und was dort lebte – oder nicht mehr lebte – zu tief und weit abgetrennt, versunken, zu sehr Vergangenheit und Traum geworden, – versunken, verloren und vergangen, nach eigenem Willen, auch die Freundesgestalt, die ich da in genau scheinenden, aber vieles ausschließenden Strichen auferstehen ließ. Dazu noch stand ich zu sehr unter der Faszination eines Werkes, das, Bekenntnis und Lebensopfer durch und durch, keine Rücksichten kennt und, indem es als gebundenste Kunst sich darstellt, zugleich aus der Kunst tritt und Wirklichkeit ist. Und doch ist diese Wirklichkeit wiederum auf die Komposition bezogen, in gewissen Fällen mehr dieser als der Wahrheit verantwortlich, übertragen und scheinhaft. In einer sehr hochstehenden deutschen Besprechung des Buches (von Paul Rilla, in »Dramaturgische Blätter«) sollte es später heißen: »Es kann einem gehen, wie es dem Verfasser dieser Notizen ging, der heiter überrascht das Portrait eines Freundes, eines liebenswürdigen Schriftstellers und Übersetzers, in dem Buch entdeckte, untrüglich in jedem Zug, schlagend in jeder Gebärde ...« Nun, der »Betroffene« wird anders gedacht haben, hat anders gedacht über die »Untrüglichkeit« des Bildes. Daß er ein äußerstes Minimum der Empfindlichkeit an den Tag gelegt hat, deren ich mich von ihm zu versehen hatte, sei ihm hier mit Bewunderung bescheinigt.

Nach einer abendlichen Vorlesung fragte mich Leonhard Frank, ob mir bei Adrian selbst irgendein Modell vorgeschwebt habe. Ich verneinte und fügte hinzu, daß die Schwierigkeit gerade darin bestehe, eine Musiker-Existenz frei zu erfinden, die ihren glaubhaften Platz zwischen den realen Besetzungen des modernen Musiklebens habe. Leverkühn sei sozusagen eine Idealgestalt, ein »Held unserer Zeit«, ein Mensch, der das Leid der Epoche trägt. Ich ging aber weiter und gestand ihm, daß ich nie eine Imagination, weder Thomas Buddenbrook, noch Hans Castorp, noch Aschenbach, noch Joseph, noch den Goethe von *Lotte in Weimar* – ausgenommen vielleicht Hanno Buddenbrook – geliebt hätte wie ihn. Ich sprach die Wahrheit. Buchstäblich teilte ich die Empfindungen des guten Serenus für ihn, war sorgenvoll in ihn verliebt von seinen hochmütigen Schülertagen an, vernarrt in seine »Kälte«, seine Lebensferne, seinen Mangel an »Seele«, dieser Vermittlungs- und Versöhnungsinstanz zwischen Geist und Trieb, in sein »Unmenschentum« und »verzweifelt Herz«, seine Überzeugung, verdammt zu sein. Dabei, merkwürdigerweise, gab ich ihm kaum ein Aussehen, eine Erscheinung, einen Körper. Die Meinen wollten immer, daß ich ihn beschriebe, daß ich, wenn schon der Narrator nur ein gutes Herz und eine zitternd aufzeichnende Hand bleiben müsse, doch wenigstens seinen und meinen Helden sichtbar machen, physisch individualisieren, anschaulich wandeln lassen sollte. Wie leicht wäre das gewesen! Und wie geheimnisvoll unzulässig, in einem noch nie erfahrenen Sinn unmöglich war es doch wieder! Unmöglich auf andere Art, als es die Selbstbeschreibung Zeitbloms gewesen wäre. Ein Verbot war hier einzuhalten – oder doch dem Gebot größter Zurückhaltung zu gehorchen bei einer äußeren Verlebendigung, die sofort den seelischen Fall und seine Symbolwürde, seine Repräsentanz mit Herabsetzung, Banalisierung bedrohte. Es war nicht anders: Romanfiguren im pittoresken Sinn durften nur die dem Zentrum ferneren Erscheinungen des Buches, alle diese Schildknapp, Schwerdtfeger, Roddes, Schlaginhaufens etc. etc. sein – *nicht* seine beiden Protagonisten, die zu viel zu verbergen haben, nämlich das Geheimnis ihrer Identität. – –

Die Sommerwochen, in denen ich an den der Übersiedelung Adrians nach München vorangehenden Kapiteln schrieb, brachten uns einen mir wichtigen Besuch: Ernst Křenek war bei uns mit seiner Frau, und ich konnte ihm danken für *Music Here and Now*, konnte auch, auf einem Spaziergang zu zweien unter den ägyptischen Palmensäulen der Ocean Avenue, und nachher bei uns, viel Lehrreiches über die Schicksale der Musik in den letzten vierzig Jahren, ihren gegenwärtigen Stand, das Verhältnis des Publikums und der unterschiedlichen Solisten- und Dirigententypen zu ihren neuen Formen von ihm erfahren. Bücher wie *Music, a Science and Art* von Redfield, *The Musical Scene* von Virgil Thomson, *The Book of Modern Composers* von Ewen und besonders Ernest Newman's *The Unconscious Beethoven* ergänzten solche persönlichen Eindrücke. Sehr aufmerksam las ich ein Buch, das nicht unmittelbar zur Sache sprach, aber durch seine klugen Analysen mir vieles die Situation des Romans und meine eigene Stellung in seiner Geschichte Betreffende ins Bewußtsein rief: *James Joyce* von Harry Levin. Da der direkte Zugang zu dem Sprachwerk des Iren mir verschlossen ist, bin ich zur Erkundung des Phänomens auf kritische Vermittlung angewiesen, und Schriften wie die von Levin und Campbells großer Kommentar zu *Finnigan's Wake* haben mir manche unvermutete Beziehung und – bei so großer Verschiedenheit der literarischen Naturen – sogar Verwandtschaft klargemacht. Mein Vorurteil war, daß neben Joyces exzentrischem Avantgardismus mein Werk wie flauer Traditionalismus wirken müsse. Daran ist wahr, daß traditionelle Gebundenheit, sei sie selbst schon parodistisch gefärbt, leichtere Zugänglichkeit bewirkt, die Möglichkeit einer gewissen Popularität in sich trägt. Doch ist sie mehr eine Sache der Haltung als des Wesens. »As his subject-matter reveals the decomposition of the middle class«, schreibt Levin, »Joyce's technique passes beyond the limits of realistic fiction. Neither the *Portrait of the Artist* nor *Finnigan's Wake* is a novel, strictly speaking, and *Ulysses is a novel to end all novels.*« Das trifft wohl auf den *Zauberberg*, den *Joseph* und *Doktor Faustus* nicht weniger zu, und T. S. Eliots Frage »whether the novel had not outlived its function since Flaubert and James, and whether *Ulysses* should not be considered an epic« korrespondiert genau mit meiner eigenen Frage, ob es nicht aussähe, als käme auf dem Gebiet des Romans heute nur noch das in Betracht, was kein Roman mehr sei. Es sind Sätze in dem Buch von Levin, die mich sonderbar tief berührten. »The best writing of our contemporaries is not an act of creation, but an act of evocation, peculiarly saturated with reminiscences.« Und dieser andere: »He has enormously increased the difficulties of being a novellist.« –

»Mühe mit dem Kapitel. Es ist Vorgesehenes zurückzuhalten, das hier beschwerend und zu stofflich wirken würde. Idee, den Teufel in dreifacher Maske erscheinen zu lassen, immer gehüllt in Eiseskälte ... Das Letzte umgeschrieben. ›Meilleur.‹ Noch einmal an XXI. Notizen für das Teufelsgespräch. Geschrieben an XXII (Zwölf Ton-Technik). Die Integrierung des Studierten und Angeeigneten in Atmosphäre und Zusammenhang des Buches reizvoll empfunden ...« Es ging vorwärts, im Glauben fest oder nicht. Gegen Ende August – Paris war eingenommen, die deutsche Garnison vertrieben, Laval flüchtig,

Pétain von den Deutschen entführt – erachtete ich den Roman für »zur Hälfte geschrieben« und überredete mich zu einer Unterbrechung, – nicht zuletzt wohl, weil für den Herbst mit der Agentur Colston Leigh eine Vortragstournee verabredet worden war, die literarisch vorzubereiten sein würde. Ich verkürzte sie übrigens auf dem Korrespondenzwege, weil ich mich scheute, allzuviel Kräfte an weite Wanderungen zu setzen. Während zunächst einmal kleinere Zwischenarbeiten, ein Vorwort zur Stockholmer Ausgabe von Bruno Franks *Cervantes*, ein Artikel über Grimmelshausen für einen anderen schwedischen Verlag mich beschäftigten, lauschte ich Vorlesungen, die Leonhard Frank uns bei abendlichen Besuchen aus einer entstehenden Erzählung, seiner *Deutschen Novelle*, gewährte. Er war in der sonderbaren Lage, seinen Roman *Mathilde* nicht abschließen zu können, weil er den Verlauf der Ereignisse, das Ende des Krieges dazu abwarten mußte, und vertrieb sich mit der Formung dieses kleineren Werkes die Zeit auf sehr bedeutende Art. Kein Zweifel, daß es vom Geist des *Faustus* allerlei aufgenommen hatte, – Stimmungen und Ideen, die ihm übrigens ebensowohl angehörten wie mir. Mich schreckte der Titel. Das Wort »deutsch« war im Spiel, gewiß. Aber während ich es im Erläuterungstitel, als sachlich präzisierendes Attribut zum »Tonsetzer« untergebracht hatte, trumpfte er im Haupttitel damit auf, ja, machte es zum Titel selbst. Bedenken des Geschmacks und der Diskretion wies er ab, wie gern er sich sonst auch in Einzelheiten beraten und korrigieren ließ. Seinem leisen, ein wenig stockenden Vorlesen hörte ich mit wahrer Hochachtung zu. Das dichterisch überaus getroffene Milieu der altdeutschen Kleinstadt (Rothenburg ob der Tauber); alles Handwerkliche, worin der ehemalige Mechaniker und Schlosser-Geselle so exakt Bescheid wußte, und dem er wiederum einen spezifisch »deutschen« Nimbus zu geben verstand; das leidend Psychologische auf dem Grund der Geschichte, nämlich das Auseinanderfallen von Sexus und Eros, und die geheime Dämonie des Ganzen, – dies alles zog mich außerordentlich an, und ich bin ein Bewunderer der viel zu wenig beachteten Geschichte geblieben, die ein kleines Meisterwerk ist.

Musik immer wieder – Leben und Gesellschaft brachten sie mir mit einer Art von mysteriöser Dienstfertigkeit immerfort entgegen, weit häufiger als heute, wo, nach getanem Werk, das Musikalische wieder mehr an die Peripherie meines Interesses gerückt ist. Bei Dr. Albersheim, den wir durch Neumanns kennengelernt, einem konservativ gestimmten Musiker und Musik-Gelehrten übrigens, weit entfernt von den meiner Aufgabe gelegeneren Gesinnungen Adornos, gab es genußreiche Abende, bei denen aufstrebende Instrumentalisten und Sänger, »stars in the making«, sich verschiedentlich hören ließen. Temianka wohnte weit weg, noch hinter der »Bowl« gegen Down-town; mich schreckte kein Weg, und mochte die Jahreszeit schon Nebel-Gefahr für die Rückfahrt mit sich bringen. Es gab die Violin-Sonate von Händel mit dem allerschönsten Larghetto zu hören; die Partita in acht Sätzen von Bach; ein Quartett mit Oboe, für die die Violine eintrat, von einem anwesenden ungarischen Komponisten. Wir speisten mit Charles Laughton, dem unheimlich amüsanten und hintergründigen Schauspieler, der nachher in seinem europäischen Englisch bewundernswert aus dem *Tempest* vortrug. Nicht Paris noch das München von 1900 hätte einen Abend von intimerer Kunststimmung, Verve und Heiterkeit zu bieten gehabt.

Adorno gab mir damals seine sehr kluge Abhandlung über Wagner zu lesen, deren kritischer Gebrochenheit und nie ganz ins Negative abgleitender Aufsässigkeit es nicht an Verwandtschaft mit meinem eigenen Versuch *Leiden und Größe Richard*

Wagners fehlt. Es war wohl diese Lektüre, die mich eines Abends bestimmte, mir Aufnahmen von *Elsas Traum*, mit dem magischen Einsatz der p.p.-Trompete bei den Worten »In lichter Waffen Scheine – ein Ritter nahte da«, und die Schlußszene von *Rheingold* mit ihren gehäuften Schönheiten und Sinnigkeiten wieder vorzuführen: dem ersten Auftauchen der Schwert-Idee, der wundervollen Manipulation des *Walhall*-Motivs, Loges genial charakterisierenden Zwischenreden, diesem »Glänzt nicht mehr euch Mädchen das Gold« und vor allem dem unbeschreiblich sentimental zu Herzen gehenden »Traulich und treu ist's nur in der Tiefe« des Rheintöchter-Terzetts. »Die Dreiklangwelt des *Ringes*«, gesteht das Tagebuch, »ist im Grunde meine musikalische Heimat.« Allerdings ist hinzugefügt: »Und doch werde ich am Klavier des *Tristan*-Akkordes nicht satt.« –

Übrigens war die Musik jetzt nicht handlungsaktuell beim Fortschreiben in dem Roman, den ich sehr bald wieder aufgenommen hatte. Mit Kapitel XXIII drang ich ein in die gesellschaftliche Nebenhandlung, in Münchener Erinnerungen, und hatte Adrians Bekanntschaft mit Pfeiffering und Haus Schweigestill in die Wege zu leiten. Es geschah wohl nicht ganz ohne Zusammenhang mit diesem Betreiben, daß ich Stendhals Briefe zum Lesen herausgriff. Geist, Männlichkeit, Mut und Sensibilität des Verfassers von *Le Rouge et le Noir*, eines Romans, der den Eindruck erweckt, als hätte es nie zuvor einen Roman gegeben, imponierten mir nicht wenig. Sehr merkwürdig war mir sein Erlebnis mit jenem jungen russischen Offizier, den er »nicht anzusehen wagt«. Leidenschaft würde ihn ergreifen, »wenn« (was wiederholt wird) er, Stendhal, »eine Frau wäre«. Die Geburtswehen einer Leidenschaft aber sind es, die er an sich beobachtet. Es ist ein seltener Einbruch des Homoerotischen in eine höchst männliche, aber auch sehr geöffnete und psychologisch neugierige Natur. Sicher nahm ich Notiz von dem Vorkommnis im Hinblick auf Adrians früh angelegtes Verhältnis zu Rudi Schwerdtfeger, dieser Verführung der Einsamkeit durch eine nicht abzuschreckende Zutraulichkeit, bei der das Homosexuelle eine koboldhafte Rolle spielt.

Aldous Huxleys *Time Must Have a Stop* machte mir außerordentliches Vergnügen – eine kecke Spitzenleistung des heutigen Romans ohne Zweifel. Ich las Nietzsches *Ecce Homo* wieder, Bekkers *Beethoven*, Deussens *Erinnerungen an Nietzsche*. Briefe der Kinder drüben bewegten uns – mit Sorge und auch mit Stolz, durch sie an dem Kriege teilzuhaben, der uns ein Kampf gegen den Feind der Menschheit blieb. Klaus, dem in einem italienischen Städtchen ein Freund durch eine Granate fast buchstäblich von der Seite gerissen worden, lag malariakrank bei der 8. britischen Armee. Golo, in London von Morgen bis Mitternacht für die American Broadcasting Station in Europe tätig, verharmloste bestens, ad usum parentum, die Wirkung der immer noch fliegenden Robots. Erika war in Paris, mit offenen Augen für die unverbesserte Verfassung der französischen Bourgeoisie und Oberklasse – und ihre Bestärkung darin durch die Haltung der Befreier.

Aber das Schicksal des Dritten Reiches erfüllte sich schnell. Schon ging es nicht mehr um die »Festung Europa«, sondern um die »Festung Deutschland«. Deutsche Namen begannen in den beiderseitigen Bulletins aufzutauchen. Im Osten und Westen standen die Alliierten auf deutschem Boden. Was der Nazistaat noch an Leben besaß, benutzte er zu eklem Morden. General Rommel, in die Rettungskonspiration der Offiziere verwickelt, deren langsame Strangulation für den Führer gefilmt worden war, hatte die Wahl zwischen Selbstmord mit Staatsbegräbnis und schändendem Hochverratsprozeß nebst Tod am Galgen. Er nahm das Gift und blieb »der bedeutendste

Heerführer dieses Krieges«. Montgomery hatte immer sein Bild mit sich geführt und gehofft, ihn eines Tages von Angesicht zu Angesicht zu sehen. Es ist wenig Zweifel, daß er im sportlich gesinnten England gefeiert worden wäre als der zähe, kühne und gewandte Gegner, der er gewesen war. Hatte er denn keine Möglichkeit gehabt, über den Kanal zu entkommen? Es war ein so ärgerlicher Jammer um jeden, der noch für Hitler starb! ... Als Aachen in Schutt und Asche lag, fing es an mit den Selbstbeseitigungen unter Nazigrößen.

Bei uns galt es, Roosevelts »fourth term« gegen die republikanische Kandidatur zu sichern, und ich war froh, daß die lokale Partei-Organisation mich zu einer Kundgebung aufrief für den bewunderten Mann. Neben Notizen wie »Lange und eifrig am Kapitel« findet sich Ende Oktober auch die andere: *Rede für Roosevelt*. Das »gathering« fand am 29. des Monats nachmittags in einem Privatgarten der »Bel Air«-Villenkolonie statt. Es war von nur etwa zweihundert Personen besucht, die, trotz allmählich einfallender nebliger Abendkühle, auf ihren über den Rasen hin aufgeschlagenen Sesseln stundenlang aushielten, denn man hatte »a good time«. Bei solchen Gelegenheiten ist es landesüblich, daß die politischen Anfeuerungen und das »money-raising«, für das gewisse Redner eine unglaubliche Technik ausgebildet haben, durchsetzt sind von allerlei Variété-Vergnüglichkeiten, die nicht das geringste mit der Sache zu tun haben, aber auf ihre Art dennoch zur Werbekraft der Veranstaltung beitragen. Hier gab es unter anderem einen angeblich »spanischen« und äußerst geschickten Zauberkünstler, der seine Wunder von einem großen chinesischen Magier namens Rosenthal gelernt zu haben behauptete, und eine blutjunge Bauchrednerin, ersten Ranges in ihrer Kunst, die sich mit der starräugigen Puppe auf ihrem Schoß so drollig unterhielt, daß ich noch lachte, als ich zu meiner unter diesen Umständen

offenbar viel zu ernsten Rede aufs Podium stieg. Sie war aber
nicht zu ernst, sondern ganz das Rechte – nun wieder in ihrer
Art. Neue Komik folgte darauf, und schließlich hatte jedermann sich so glänzend unterhalten, daß keinem die Wiederwahl F. D. R.'s zweifelhaft war.

Wie sonderbar berührt es mich, die kurze Aufzeichnung des nächstfolgenden Tages zu lesen! Sie betrifft eine wiederholte Beschäftigung mit *Love's Labour Lost* und hält eine ominöse Sentenz des Stückes fest, die Verse:

»There form confounded makes most form in mirth;
When great things labouring perish in their birth.«

Ich fügte hinzu: »Der erste Vers mag auf *Joseph*, der zweite auf *Faustus* zutreffen.« Zitat und Kommentar würden mir zeigen, wenn ich es vergessen hätte, mit welchen Skrupeln und Zweifeln des Romans wegen ich zu kämpfen hatte, wie sehr ich geneigt war, an sein Verderben zu glauben. Diese Sorgen verstärkten sich quälend in dem Maß, wie es mit meiner Gesundheit abwärts ging. Schon zwei Tage später stand ich während einer Abendgesellschaft (bei Eddy Knopf, mit Ernst Lubitsch, dem Grafen Ostheim, seiner amerikanischen Gattin und Salka Viertel) unter heftigem Kopfschmerz-Druck, und am folgenden lag ich mit einer Grippe, die sich auf Magen und Darm warf und mich im Lauf einer Woche vierzehn Pfund meines Körpergewichts kostete, ein Verlust, von dem ich in vielen kommenden Monaten nichts wieder einzuholen vermochte.

IX

Rechtzeitig zum Wahltage, dem 7. November, war ich außer Bett. Aber die Infektion, wie gewöhnlich bei mir, war schwer zu vertreiben, schwelte fort im Organismus und produzierte üble Nachspiele: eine lästige Halsentzündung zunächst, dann heftige, vom »Drillingsnerven« ausgehende Gesichts- und Schein-Zahnschmerzen, die mir böse Tage und bösere Nächte bereiteten. Die Mischung Empirin-Kodëin schlug wenig an; ich verlegte mich auf kleine, in den Mund zu nehmende Heizkissen von Leinsamen und wandte sie in meiner Wut auf die Neuralgie so rücksichtslos an, daß ich mir arge Verbrennungen der Mund-Schleimhaut zuzog.

Bei alldem schien eine Arbeitsumstellung geboten, die Herstellung eines Reise-Vortrags an der Zeit, und die versuchende Umschau nach einem den Zeitumständen angemessenen und mir selbst gelegenen Gegenstande begann. Er sollte sich möglichst wenig von der Hauptsache, dem Laufenden entfernen, sich tunlichst daran lehnen und davon abgezogen sein. Etwas über Deutschland, über Charakter und Schicksal dieses Volkes also; und unter allerlei Lektüre über deutsche Geschichte, Reformation und Dreißigjährigen Krieg, auch von Croces *Geschichte Europas*, begann ich mit Notizen und Vormerkungen zu diesem Thema, ohne rechten Willen und Entschluß übrigens, damit fortzufahren. Ist immer ein solcher Wechsel der Gedankenrichtung, der Zwang, mich in etwas Neues hineinzufinden, eine irritierende, halb krank machende nervöse Belastung, so war es das dreifach unter den Umständen von damals; aber die innere Widerspenstigkeit konnte sich auf das Verlangen, zur Hauptaufgabe zurückzukehren, kaum berufen. »Andauerndes Stimmungstief, verstärkt durch das Grauen vor der Verfehltheit des Romans, den ich mit so erregenden Neuigkeitsgefühlen begann. Schwere, tatenlose Tage.« Dann: »Abendessen bei Werfels mit Franks, die eben von ihrem New Yorker Ausflug zurück. Frank eher geschädigt als erholt. Ich las das XXIII. (Münchener Kapitel) mit großer Anstrengung. Die Teilnahme war überraschend. Kluge, bewegende Äußerungen Werfels über die Thematik und neuartige Komposition des mir so gefährdet scheinenden Buches.« – Dies war wohl entscheidend. Ich wendete die Arbeitsstunden des nächsten Tages noch an die Skizzierung des Vortrags, entschied mich aber am übernächsten, ihn und die Reise unbestimmt zu vertagen und dem Agenten wie auch MacLeish Absage-Telegramme, begründet mit mangelhafter Gesundheit, zu schicken. »Schwerwiegender Entschluß, mit dem ich seit langem umgegangen, und der mir zwar Erleichterung gewährt, dessen ich mich aber auch wie eines Hinter-die-Schule-Laufens schäme. Und doch, wäre nicht vielmehr das Im-Stich-lassen des Romans dergleichen gewesen? Gerade die Beunruhigung durch dies Werk, *das so oder so zu Ende geführt werden muß*, ist ein Grund mehr dafür, es nicht durch die lange Arbeit am Vortrag und die Reise hinauszuschieben. Während ich schreibe, gibt K. die Telegramme auf. Empirin gegen die Schmerzen ...«

So oder so. Es heißt nun wieder: »Beschäftigung mit dem *Faustus*. Vorbereitende Arbeit, Sprachliches und Gegenständliches für das Nächste ... Abends wieder lange in Nietzsches Briefen. Ergriffen von dem Verhältnis zu Rohde, das unaufhaltsam doch auch immer mehr zum Unverhältnis wird. Einseitigkeit und Hoffnungslosigkeit seiner Beziehung zu Burckhardt. Der Lichtblick Brandes. N.'s etwas pennälerhafte Begeisterung über die Belehrung, daß ›Goethe‹ der Ausgießende, Zeugende, der Hengst, der Mann bedeutet!...« Ich schrieb das schon in Palestrina spielende Durchgangskapitel XXIV in vierzehn Tagen und las zwischendurch eines Abends dem Ehepaar Adorno und Freunden, die sie mitgebracht, den Briefwechsel Adrian-Kretzschmar vor. Den Hegelianer Adorno sprach das »Dialektische« in diesem Austausch an. Noch mehr aber lobte er die eingewobene Musikbeschreibung, deren Modell (das Vorspiel zum dritten Akt der *Meistersinger*) er aber merkwürdigerweise nicht erkannte. Er täuschte sich über die Dimensionen und glaubte an ein viel längeres Stück eigener Erfindung, – was ich nicht als Schaden empfand. Die Hauptsache war mir, daß ich ihn wieder einmal mit der musikalischen Sphäre des Buches in Kontakt gebracht und ihn dafür erwärmt hatte. Mit Schönberg, so hoch er ihn stellte, hielt er persönlich nicht Umgang, – was sich wahrscheinlich daraus erklärte, daß der Meister den kritischen Einschlag in der Verehrung des Jüngers witterte. Dagegen traf man im Hause Schönberg Hans Eisler, an dessen sprühendem Gespräch ich immer das heiterste Gefallen fand. Besonders wenn es um Wagner ging und die komische Ambivalenz seines Verhältnisses zu dem großen Demagogen, wenn er ihm »auf die Sprünge kam«, den Finger in der Luft schüttelte und rief: »Du alter Gauner!« konnte ich mich ausschütten vor Lachen. Ich erinnere mich, wie er und Schönberg eines Abends, übrigens auf mein Betreiben, am Klavier die Parsifal-Harmonik nach unaufgelösten Dissonanzen durchsuchten. Es gab genau genommen nur eine: in der Amfortas-Partie des letzten Aktes. Eine Erörterung archaischer Formen der Variation, nach denen ich mich aus guten Gründen erkundigt hatte, folgte nach, und Schönberg schenkte mir ein aus Noten und Ziffern bestehendes Bleistift-Autogramm, das dergleichen veranschaulichte.

Kierkegaards *Entweder – Oder* war damals zu mir gelangt, und ich las es mit tiefer Aufmerksamkeit. »Seine tolle Liebe zu Mozarts *Don Juan*. Die Sinnlichkeit, vom Christentum entdeckt zugleich mit dem Geist. Die Musik als dämonische Sphäre, ›sinnliche Genialität‹ ... Die Verwandtschaft des Romans mit der Ideenwelt Kierkegaards, ohne jede Kenntnis davon, ist äußerst merkwürdig. Das Gespräch auf dem ›Zionsberg‹ über die christliche Ehe etwa – und manches andere – sollte die Kenntnis K.'s vermuten lassen«. – Gegen Mitte Dezember begann ich »was immer nun daraus werden möge«, das XXV., das Teufelskapitel zu schreiben, an dessen Beginn Leverkühn im welschen Saal das Buch des »Christen« ja in Händen hält. »Geschrieben am Teufelsgespräch« bleibt nun mehr als zwei Monate lang, über Weihnachten und ein gutes Stück ins neue Jahr hinein, der stehende Tätigkeitsbericht – unter Wechselfällen des Lebens, der Kriegsereignisse, der Gesundheit und auch der unvermeidlichen Arbeitsdiversionen, von denen ich nur nenne: die noch allmonatlich fälligen Radiosendungen nach Deutschland, zu deren Befestigung auf Platten ich immer zur National Broadcasting Company in Hollywood fuhr, und jenen in Erschütterung geschriebenen, schon durch seinen Titel *The End* mit dem innersten Thema des Romans nahe zusammenhängenden Artikel über die Agonie Deutschlands, den ich für »Free World« verfaßte, und der durch »Readers Digest« und durch mehrere große Radio-Stationen weit im Lande herumkam.

Adrians Dialog mit dem längst erwarteten, unter der Hand längst eingeführten Besucher stand noch in den ersten Stadien, als ein Anruf meines Bruders Heinrich uns den Tod seiner langjährigen Lebensgefährtin meldete. Der wiederholte Versuch der unglücklichen Frau, sich mit einer Überdosis von Schlaftabletten des Lebens zu entledigen, war diesmal gelungen. Wir begruben sie am 20. Dezember auf dem Friedhof von Santa Monica, und eine zahlreiche Trauergesellschaft bot dem Vereinsamten ihre ehrerbietige Sympathie. Er verbrachte den Rest des Tages bei uns, und es versteht sich, daß der Verkehr mit ihm nach der Einbuße, die er erlitten, nur inniger wurde. Holten wir ihn mit einer gewissen Regelmäßigkeit zu uns, so verbrachten wir manchen Abend auch in seiner im ferneren Beverly Hills gelegenen Wohnung, der er treu geblieben war, und er las uns bei solchen Gelegenheiten wohl aus dem genialisch-phantastischen, überall und nirgends spielenden Roman *Empfang bei der Welt*, der damals unter den Händen des unermüdlichen Arbeiters entstand, eine geisterhafte Maskerade, ein unlokalisiertes soziales Generationenspiel von größter Originalität. Nicht lange mehr, so sollten in der Moskauer »Internationalen Literatur« große Teile aus seinem Memoirenwerk *Eine Epoche wird besichtigt* erscheinen. Ich habe meiner Bewunderung für dies einzigartige Buch, seine stolze Bescheidenheit, seinem aus Simplizität und federndem Intellektualismus gemischten Zukunftsstil und auch für seinen hoch-naiven Eigensinn Ausdruck zu geben versucht in dem Aufsatz *Bericht über meinen Bruder*, den ich zum 75. Geburtstag des großen Schriftstellers für ein deutsches Blatt in Mexiko schrieb. –

Lebensdinge ... Zehn Tage nach der Bestattung gab es eine Taufe: Das zweite Söhnchen, Tonio, unseres jüngsten Sohnes, das zweite Töchterchen, Dominica, Elisabeth Borgeses, unserer jüngsten Tochter, wurden in der Unitarian Church mit einem Minimum an religiöser Prätension, in den verständig-menschlichsten Formen zu Christen geweiht. Es war die angenehmste kirchliche Erfahrung, die ich gemacht habe. Im Familienkreis, mit Borgese, auch mit Freunden wie Neumanns war von der Kriegslage immer wieder die Rede. Im Rückblick nimmt die schwankende Beurteilung der Aussichten, die damals immer noch möglich war, sich seltsam genug aus. Trotz Hitler-Deutschlands verzweifelter Lage schien eine Perspektive nicht ausgeschlossen, wie: unbestimmtes Sichhinziehen des Krieges, der oder jener Regierungswechsel inzwischen, Todesfälle unter den Führern und Friede erst nach einer Periode des Chaos, geschlossen von anderen Menschen. Durfte man von der Stimmung zuhause auf die »Moral« der amerikanischen Truppen schließen, so stand es bedenklich um diese. Im Lande hier gab es Haß auf die Juden, die Russen, die Engländer – nur nicht gegen die Deutschen, gegen die man Krieg führen mußte. Was die innerlich gefährdete Allianz zusammenhielt, war allein die diplomatische Energie Eisenhowers, dessen normannische Landung ein technisches Meisterstück ohne Vorgang gewesen war, – dieses getreuen Vollziehers eines höheren staatsmännischen Willens und Ingeniums. Der Staatsmann aber, zum vierten Male Herr des Weißen Hauses, der aristokratische Volksfreund, ebenbürtig den europäischen Diktatoren als gewiegter Massenlenker, ihr geborener Gegenspieler, der große Politiker des Guten, für den der populäre Krieg gegen Japan ein Mittel gewesen war, den 1938 durch »München« geretteten Fascismus zu schlagen, – dieser Mann war vom Tode gezeichnet.

Das Jahr ging unter sehr gegenständlichen politischen Sorgen zu Ende. Die Rundstedt-Offensive, ein letzter keck-verzweifelter und wohl vorbereiteter Versuch der Nazimacht, das Schicksal zu wenden, war in vollem Gange und zeitigte Schreckenserfolge. Vom »Rückzug auf günstigere Stellungen« hatte man lange nur in den Berichten des Feindes gelesen. Er war jetzt unser Teil in Ost-Frankreich. Verlust aller Brückenköpfe auf einer 50-Meilen-Front, geblieben nur die Gegend um Aachen und ein Streifen Saargebiet, Straßburg, selbst Paris bedroht, Panik überall in Europa vor dem deutschen Wiederaufleben, das war das Bild, und es graute einem vor dem Schicksal der unseligen Belgier, die wieder in deutsche Hand gefallen. Nun, das Abenteuer versandete. Einige Tage nur, und wie die Blätter mochten meine täglichen Anmerkungen sich darüber ausschweigen. Ich hatte während jener beklommenen Tage am Laufenden fortgeschrieben und gab bei einer häuslichen Vorlesung nach Mitte Januar fast alles von dem zentralen Gespräch Geschriebene, wohl dreißig Seiten, in einem Zuge zu hören. Erika war zugegen und wußte sogleich erleichternde Kürzungen vorzuschlagen. »Die Länge«, heißt es im Heft, »ist die ästhetische Gefahr des lebhaft einsetzenden Kapitels – wie des ganzen Buches. Wenn das Erregende bei diesen Dimensionen sich hält, so muß es starker Natur sein.« Anfang Februar war das Ende des Monstre-Gespräches abzusehen. Im Ohr die hysterischen Deklamationen der deutschen Ansager über den »heiligen Freiheitskampf gegen die seelenlose Masse«, schrieb ich die Seiten über die Hölle, die wohl die eindringlichste Episode des Kapitels sind, – nicht denkbar übrigens ohne die innere Erfahrung des Gestapokellers, – und die ich zur Vorlesung immer heranzog, wenn ich zum Zweck ermutigenden Selbstbetruges das Sicherste des Buches, die Rosinen, also das präsentierte, was den Zuhörern meine Sorgen um das Ganze möglichst unverständlich machte.

Es war, wie notiert, am 20. Februar, daß ich, erleichtert auf jeden Fall, mit dem Gespräch zu Ende kam. Es umfaßte zweiundfünfzig Manuskript-Blätter. Erst jetzt war wirklich die Hälfte des Buches, auf die Seitenzahl genau, geschrieben, der rechte Augenblick für eine Unterbrechung gekommen, und gleich am folgenden Tage begann ich mit der Ausarbeitung des ungefähr schon vorbereiteten Vortrags für Washington: *Germany and the Germans,* die die nächsten vier Wochen in Anspruch nahm. Um diese Zeit waren Verrottung und Auflösung des »Dritten Reiches« weit vorgeschritten. Memel war genommen, Posen und Breslau eingeschlossen. Flüchtlinge drangen nach Berlin und wurden weitergetrieben. Von keiner Zensur offenbar mehr behindert, hatte die »Kölnische Zeitung« offen geschrieben, daß Panik das Reich von einem Ende zum andern ergriffen habe. Die Kräfte des Volks, des Heeres und des Führers hätten sich in dem fünfjährigen Kriege erschöpft. Die Russen, 30 Meilen von Berlin, wo sie Infanterie und schweres Geschütz massierten, hatten eine neue Aufforderung zur Beseitigung des Régimes und zur Übergabe ergehen lassen, da sonst die nationale Katastrophe unvermeidlich sei. Aber wer sollte beseitigen, wer übergeben? Die Nazis hatten vorgesorgt, daß der Reichskörper nicht lebend gerettet werden, sondern nur stückweise abfallen konnte. Sie gedachten, hieß es nach Anfang Februar, nach dem Fall von Berlin eine Widerstandslinie Österreich-Bayerische Alpen mit Berchtesgaden als Hauptkastell zu beziehen, kurz, in die Böhmischen Wälder zu gehen. Die Gerüchte darüber erstarben bald.

Das Manifest der »Big Three« aus Yalta gewährte keine Abschwächung des »Unconditional Surrender«, enthielt aber die Versicherung, man sei fern von der Absicht, das deutsche Volk zu vernichten. Der Rückzug der Hitlertruppen auf die Ostseite des Rheins unter Zerstörung der Brücken bis auf die eine, die mysteriöser Weise erhalten blieb, war vollendet. Der amerikanische Übergang über den Strom hatte als Schwierigkeit gegolten, – Anfang März war er plötzlich geschehen, der Nachschub gesichert, Bonn genommen. Ich las viel Heine nach um diese Zeit, die Feuilletons über deutsche Philosophie und Literatur, auch über die Faust-Sage. Bei Abfassung des Vortrags blieb ich der Haupt-Aufgabe innerlich nahe und las gelegentlich aus dem kürzlich Geschriebenen vor. Gesellige Begegnungen, wie die mit Schnabel, Schönberg, Klemperer im Hause des jungen Reinhardt, wo sich nach Tische eine lange Diskussion über Musik entspann, dienten gleichfalls der Wahrung des »Kontakts«. Während ich am Vortrag arbeitend die Passage über die deutsche Romantik schrieb, las ich Hebbels Tagebücher und fand darin den großen Satz (in Paris aufgezeichnet): »Die bisherige Geschichte hat nur die Idee des ewigen Rechts selbst erobert, die kommende wird sie anzuwenden haben.« – Ein ungewöhnlich schöner Brief erreichte mich damals; ein amerikanischer Soldat schrieb ihn mir von den Philippinen. »I envy you your swift, sure maturity, your heritage of culture, your relentless self-discipline. Such things are hard-won in European civilization. Here in America they are almost nonexistent.« Nicht sowohl meinetwegen, als um des unglücklichen und erniedrigten Europa willen tat es mir wohl. Ein Anhänger des »American Century« schien dieser junge Yankee nicht zu sein. Eine andere amerikanische Äußerung noch rührte mich: die unseres alten Freundes und Nachbarn, des emeritierten Philosophieprofessors Dean Henry Rieber, der, betroffen von der Melancholie meines in »Free World« erschienenen Artikels *The End*, mit einem Händedruck zu mir sagte: »Don't take the world too hard! Each evening we pray for you.« Wie anders war das Verhalten des Emigrationspatriotismus zu meiner Art, den Zusammenbruch Deutschlands zu erleben und zu erörtern! Kaum hatte ich *Deutschland und die Deutschen* zu Ende geschrieben, eine Interpretation der deutschen Tragik, die mir bei ihrem Erscheinen in der alten Heimat selbst viele entfremdete Herzen zurückgewinnen sollte, als mit dem Artikel eines Professors von Hentig in der New Yorker sozialdemokratischen »Volkszeitung« die rüden Angriffe auf mein Gefühl, meine Haltung begannen, die dann, geführt von noch plumperen Federn, sekundiert und geschürt leider von Alfred Döblin, in den folgenden Monaten von Zeit zu Zeit wieder auflebten und mich weit mehr verletzten und deprimierten, als ich es hätte zulassen sollen.

Vorbereitungen zur Fortsetzung des *Faustus* wurden in den zwanziger Tagen des März wiederaufgenommen, eine Zeittafel und Überschau der Ereignisse und geistigen Vorgänge von 1913 bis zum Ende bereitgestellt, Tagebuch-Aufzeichnungen vom Ausgang des ersten Weltkrieges revidiert. Ich korrigierte Maschinen-Abschriften und war »nicht glücklich«. Die seit dem Rheinübergang und der Forcierung der Oder sich überstürzenden Ereignisse in Deutschland wirkten schwer zerstreuend, ohne zu erheben. »Sieghafte Hoffnungslosigkeit« ist ein Ausdruck des Tagebuches, den ich als Unglauben in die

Fähigkeit der Sieger deute, nach dem Kriege den Frieden zu gewinnen. Ein Gespräch mit zwei Schweizern, die mich besuchten, einem Konsul und einem Journalisten, drehte sich um nichts als den amerikanisch-russischen Gegensatz und um den bevorstehenden Wiederaufbau Deutschlands. »Der Sieg wird ärger verspielt werden als das vorige Mal.« Unter Freunden war geradezu von dem »heute schon so gut wie gewissen Vernichtungskrieg der Zukunft« die Rede.

»Beschäftigung mit dem Roman. Versuche, den Anschluß zu finden und die Lust zu beleben. Aber Mißfallen und Überdruß hemmen mich. Das Mißraten des Werkes kann wohl keinem Zweifel mehr unterliegen. Dennoch werde ich es zu Ende führen.« Ich hatte das XXVI. Kapitel und damit die Partie des Buches zu schreiben begonnen, die zu dem Ausbruch des Krieges von 1914 hinführt, als ich eines Nachmittags – es war der 12. April – in der Einfahrt zum Hause die Abendzeitung vom Boden aufnahm, die der Austräger dort niederzulegen pflegte. Ich warf einen Blick auf die balkendicke »headline«, zögerte und reichte dann das Blatt stumm meiner Frau. Roosevelt war tot. Wir standen verstört, in dem Gefühl, daß rings um uns her eine Welt den Atem anhielt. Das Telephon rief. Die improvisierte Radio-Äußerung, die man verlangte, lehnte ich ab. Wir redigierten ein Telegramm an die Witwe des Dahingegangenen und hörten den ganzen Abend dem Lautsprecher zu, ergriffen von den Huldigungen und Trauerkundgebungen aus aller Welt. Man mochte in den nächsten Tagen nichts anderes hören und lesen, als über ihn, die Einzelheiten seines Sterbens, die Bestattungsfeierlichkeiten in Hyde Park. Die Erschütterung, das Bewußtsein schicksalvollen Verlustes war erdumspannend. Wir alle hatten die Worte der verehrungswürdigen Eleonor Roosevelt im Ohr: »Ich bin trauriger für unser Volk und für die Menschheit, als für uns selbst.« Und doch war gewiß, daß sich im Lande so manches Genugtuungs- und Erleichterungsgefühl in die Trauer mischte, sich kaum hinter ihren offiziellen Kundgebungen verbarg. Das Uff! das nie zu überhören ist beim Tode eines Großen, der seine Nation über ihr Alltagsniveau hinausgehoben, was für eine Nation ziemlich anstrengend ist, es war auch jetzt nur zu wohl zu unterscheiden. Man wußte von Leuten, die bei der Nachricht von diesem Tode Champagnerpfropfen hatten springen lassen ... Der Versicherungen, daß alles beim alten bleiben solle, gab es viele. Der Termin der Eröffnung der Alliierten-Konferenz von San Francisco, zu der der Verstorbene hatte reisen wollen, blieb unberührt. Der Krieg ging weiter. Die Kongreßrede des Nachfolgers hielt fest am »Unconditional Surrender« und an der Errichtung eines dauerhaften Friedens nachher. Keine Veränderungen in militärischer Sphäre waren in Aussicht genommen. Desto mehr, wahrscheinlich, würde es in der zivilen geben. »Eine Epoche endet. Es wird das Amerika nicht mehr sein, in das wir kamen.«

Ich nahm teil an der Trauerfeier im Municipal Building von Santa Monica. Die Leitung war geistlich: ein Bischof und ein Rabbi teilten sich in sie, und sogar fiel diesem die Hauptrede zu. Er gestaltete sie zu einer seltsam urtümlichen Klage, einer Art von Wüstengesang, welchem, sobald der Name des Verblichenen fiel, die jüdische Gruppe des Auditoriums mit rituellem Weinen respondierte. Meine eigenen Gedenkworte folgten. Die Rede des Bischofs konnten wir nicht abwarten, da der englische und deutsche Text meines Nachrufs sogleich aufs Telegraphenamt zu bringen war. »Free World« und der »Aufbau« veröffentlichten ihn, und auch in spanischer Sprache erschien er. Ich legte ihn einer meiner letzten Radio-Sendungen nach Deutschland zugrunde, dessen Presse sich in Niedrigkeiten über den großen Gegner ihrer Gebieter ergangen hatte.

Gleichzeitig war eine Tischrede vorzubereiten, die ich bei dem Dinner zur Inauguration der von dem Philosophen Will Durant ins Leben gerufenen Interdependence-Bewegung zu halten hatte. Die Veranstaltung fand am 22. April im Hotel Roosevelt, Hollywood, statt. Theodor Dreiser war anwesend. Unterdessen hatte, nach der Einnahme von Weimar, der amerikanische General die deutsche Zivilbevölkerung vor den Krematorien des dortigen Konzentrationslagers defilieren lassen und diesen Bürgern, die nichts hatten wissen wollen, ihr Teil Verantwortung für die dort geschehenen, nun vor aller Welt entblößten Greuel zugesprochen. Die Funde, hier und anderwärts, übertrafen an Scheußlichkeit alle Erwartungen und Vorstellungen. Parlamentskommissionen gingen nach Deutschland ab, um die Delegierten von San Francisco über das Unglaubliche zu unterrichten. Uns, die wir uns früh auf das verstanden, was sich in Deutschland »Der nationale Staat« genannt hatte, war nichts überraschend und nichts unglaublich. Aber die Erregung war groß, und eine deutsche, mit einem amerikanischen Gelehrten verheiratete Frau unserer Bekanntschaft mochte sich tagelang vor Scham nicht in Gesellschaft, kaum auf der Straße sehen lassen. Das Office of War Information verlangte eine Äußerung von mir, und ich gehorchte mit einem Artikel *Die Lager*, der, wie das Amt mir später meldete, gewaltige Verbreitung fand.

Bei alldem, unter einem Sturz wilder Ereignisse, dem täglichen Hagel abenteuerlicher Meldungen – Mussolini gefangen und kläglich gerichtet; Berlin gänzlich in russischer Hand, auf der Reichstagskuppel die Sowjetfahne; gehäufte Selbstmorde unter den Nazibonzen, die nun ihre vorsorglich verteilten Blausäure-Kapseln zerbissen; Hitler und Goebbels tot und verkohlt, und die englische Presse zitierte: »The day is ours, the bloody dog is dead« – hatte ich, um den Ausdruck des Tagebuchs zu gebrauchen, den Roman »wieder geschultert« und schrieb – sogar »fließend« – am XXVI. Kapitel, der Installierung Adrians in Pfeiffering, – tat es auch an dem siebenten Maitage, dessen Eintragung lautet: »Kapitulation Deutschlands erklärt. Die unbedingte Übergabe unter Anrufung der Generosität der Sieger unterzeichnet... Ist dies nun der Tag, korrespondierend mit jenem vor zwölf Jahren, als ich diese Serie täglicher Aufzeichnungen begann, – ein Tag der Erfüllung und des Triumphes? Es ist nicht gerade Hochstimmung, was ich empfinde. Mit Deutschland wird dies und das – aber nichts *in* Deutschland geschehen. Die Gehässigkeiten einer gewissen Landsmannschaft hier, eben dieser Überzeugung wegen, tragen das ihre bei, die Freude niederzuhalten. Genugtuung liegt im physischen Überleben. Nach dem Falle Frankreichs vor fünf Jahren ließ Goebbels meinen Tod melden. Er konnte es sich nicht anders denken. Und hätte ich Hitlers Falschsieg ernst, hätte ich ihn mir zu Herzen genommen, so wäre mir in Wahrheit nichts anderes übriggeblieben, als einzugehen. Überleben hieß: siegen. Ich hatte gekämpft und den Lästerern der Menschheit Hohn und Fluch geboten, indem ich lebte: also ist es, auch persönlich, ein Sieg. Vollkommene Klarheit darüber, wem dieser Sieg zu danken. Es ist Roosevelt.«

Ohne die eingewurzelte, auch zu dieser Zeit standhaft bewahrte Gewohnheit, die Vormittagsstunden zwischen 9 und 12 oder halb 1 Uhr gegen alle Eindrücke von außen abzusperren, sie durchaus und grundsätzlich dem Alleinsein mit meiner Arbeit vorzubehalten, hätte ich es bei so viel äußerem Drange kaum über mich gebracht, an Adrians Komposition Keats'scher und Klopstock'scher Hymnen (im XXVII. Kapitel) fortzudichten, – nicht ohne Zutun Adornos, dessen Interesse an dem Buche wuchs, je mehr er davon erfuhr, und der anfing, seine musikalische Einbildungskraft dafür zu mobilisieren.

Die ersten direkten Nachrichten aus dem besetzten Deutschland langten nun an: Man erfuhr, wie viele Leute denn doch dort, aller Gefahr zum Trotz, dem englischen Sender und auch meinen Ansprachen begierig gelauscht hatten. Klaus befand sich als Sonderberichterstatter von »Stars and Stripes« in München. Unser Haus, wiederholt von Bomben getroffen, in den Umrissen erhalten, war im Inneren, das schon vorher manche Veränderung erfahren, gründlich zerstört. Wir wußten, daß es unter den Nazis zeitweise als Heim für uneheliche Mütter gedient hatte, und zwar unter dem Namen »Lebensborn A.G.« Jetzt hausten allerlei Flüchtlinge und Ausgebombte in den verödeten Ruinen. Kennzeichnend war und bleibt es doch, daß keiner, der sich zu Beginn des Tausendjährigen Reiches als Käufer an der Versteigerung der Einrichtung, der Bücher, der Kunstgegenstände beteiligt hatte, auf den Gedanken kam – und bis heute darauf gekommen ist – uns irgendein Stück des erstandenen Diebsgutes wieder zur Verfügung zu stellen.

In diesen Maitagen, einer mir sonst so verwandten, so wohltätigen Jahreszeit, beginnen Vermerke im Tagebuch unterzulaufen über Besuche in Röntgen-Laboratorien, ärztliche »check-ups«, Blutuntersuchungen, Einzelprüfungen meiner Organe – mit übrigens beruhigend negativem Ergebnis. Dennoch fühlte ich mich recht elend. Turbulenz und erschütternde Phantastik der Tagesereignisse, das Hin und Her der Arbeit, der Kampf mit dem heftig zu Herzen gehenden Buch, in dem ich vorwärts drängte, – es waren der Zumutungen an meine sonst tolerante Natur doch etwas zu viele gewesen. »Jedermann sagt mir, daß ich magerer geworden bin. Arsen- und Vitamingaben ändern nichts an weiterem leichten Gewichtsverlust. Würde ich mich weniger schwach auf den Füßen fühlen! Habe im einzelnen auch in jüngster Zeit noch einige gute Dinge gemacht, fühle mich aber ›abnehmen‹.« Ich gebrauchte das

Wort in dem mondmythologischen Sinn, den es oft in den *Josephsgeschichten* führt. Wirklich streifte die nervöse Ermüdung zuweilen die Erschöpfung. Es kam vor, daß ich auf meinem Spaziergang gegen den Ozean hinab mich am Straßenrand niedersetzte und froh war, wenn der Wagen kam, mich heimzuholen. Dabei näherte sich der Aufbruchstermin zu der Reise nach dem Osten, auf der ich meinen 70. Geburtstag begehen sollte, und bei der es aller Voraussicht nach bunt und anforderungsvoll zugehen würde.

Ich trat sie am 24. des Monats mit der treuen Gefährtin an, deren nie wankendem Liebesbeistand mein Leben über alle Worte zu Dank verbunden ist, – nahm es auf damit im Vertrauen auf die Kraftreserven, die denn doch bei solchen Gelegenheiten freiwerden, auf die Vorteile des Luftwechsels und einer ganz nach außen gerichteten Daseinsform, auf die Entschwerung durch das Interim sorgloser und übrigens im Zeichen großer moralischer Erfüllungen stehender Lebensfestivität.

X

Noch war es ein Reisen von kriegsmäßiger Unbequemlichkeit, – der Zug überlang, der Weg vom »compartment« zum »diner« eine Wanderung, das Anstehen dort für eine Mahlzeit eine zuweilen stundenlange Geduldsprobe, verschärft, schon nahe am Ziel, durch die unholde Wärme des Küchendunstes. Ein älterer gentleman vor mir, mit den Händen die Messingstange des Fensters umklammernd, knickte in Ohnmacht zusammen. Den Zug bewachende Military Police-Leute nahmen sich seiner an und brachten ihn schnellstens dort unter, wohin unser aller Wünsche standen: an einem Tisch des Speisewagens. Die Versuchung war stark, es ihm gleichzutun. Würde man nur leichter ohnmächtig! Meine Schwestern, als Backfische, wurden es, ohne jede Verstellung, wenn sie keine Lust hatten, zur Kirche zu gehen.

Ich las L'Histoire des Treize unterwegs, mit gemischten Gefühlen wie immer bei der Berührung mit Balzac: oft hingerissen von seiner Großheit, oft irritiert durch reaktionär gestimmte Gesellschaftskritik, katholisches Augenverdrehen, romantische Sentimentalität und Blasebalg-Übertriebenheit. Wir machten einen Tag in Chicago halt zum Besuch unserer Lieben dort, und ich probierte bei ihnen den Deutschland-Vortrag aus, der sich noch als zu lang erwies. Ich überarbeitete ihn im Zuge nach Washington zusammen mit Erika, die sich, wie noch so oft, als Künstlerin der Auslassung und Zusammenziehung, geschickte Dämpferin alles pedantischen Zuviels erwies. In der Hauptstadt, als Gäste wiederum des Hauses am Crescent Place, genossen wir schöne Ferientage. Die Lesung in der Library, vor doppeltem Auditorium wie gewöhnlich, einem, zu dem ich persönlich sprach, und einem, dem im Nachbarsaal ein Lautsprecher die Rede überlieferte, nahm glücklichen Verlauf. MacLeish, eben von San Francisco zurück, führte mich ein. Sein Nachfolger im Amt des Staatsbibliothekars, Luther Evans, befürwortete die Verbreitung des Vortrags durch das O.W.I. in Europa. Der Empfang im Meyer'schen Hause nachher führte uns wieder mit Francis Biddle, der, wenn ich nicht irre, als Attorney General schon zurückgetreten war, und seiner Gattin zusammen; ferner mit dem klugen Walter Lippman, dem meine Ablehnung der Legende vom »guten« und »bösen« Deutschland, meine Erklärung, daß das böse zugleich auch das gute sei, das gute auf Irrwegen und im Untergang, sehr zugesagt hatte. Borgese war aus Chicago, Gottfried Bermann Fischer aus New York gekommen; mit ihm gab es das eine und andere über das Programm der Stockholmer Neuausgaben meiner Bücher zu beraten. Am nächsten Tage stattete ich der Library einen Besuch ab und gewann, durch die beiden Häuser geführt, zum erstenmal eine Vorstellung von dem unermeßlichen Besitz der alles empfangenden, alles umfassenden Sammlung. Auf einem Tisch breitete Dr. Evans die Manuskripte Johann Conrad Beißels, des Sangesmeisters von Ephrata, vor mir aus, denn auch sie waren hier als Kuriositäten treulich verwahrt, und so sah ich mit eigenen Augen, ungläubig fast, in ihrer Wirklichkeit die Produkte dieses naiv-tyrannischen Neubeginners der Musik vor mir, dessen Figur in meinem Roman eine so hintergründige Rolle spielte.

Mit unseren Gastgebern waren wir bei dem Columnisten Pearson zu einem Dinner geladen, an dem Sumner Welles teilnahm. Er äußerte sich mit vieler Vernunft über die Zukunft Deutschlands, sprach zugunsten der Aufteilung Preußens, einer föderalistischen Lösung überhaupt und sehr maßvoller Grenzregulierungen im Osten. Was er sagte, schien mir einleuchtend, human und wünschenswert. Die Ereignisse sind, wie gewöhnlich, den unklugen Weg gegangen. – Einen denkwürdigen Vormittag verbrachten wir in der National Gallery, bei Rembrandt und den Italienern, geführt von Mr. Findley, der uns in seinem Office mit dem herrlich illustrierten Katalog der Sammlung beschenkte, und ich frühstückte danach mit Elmer Davis und seinem Assistenten nahebei im Social Security Building. Um die deutsche Frage ging es, im Anschluß an meinen Vortrag, natürlich auch hier, und ich erinnere mich des skeptischen Lächelns, dem ich begegnete, als ich den Herren auseinandersetzte, daß das berüchtigte »Deutschland, Deutschland über alles« eigentlich eine sehr wohlmeinende Parole gewesen sei, Ausdruck großdeutscher demokratischer Hoffnung und keineswegs so gemeint, daß Deutschland »über alles« herrschen sollte, sondern nur, daß man es wert halten wolle über alles, wenn es einig und frei sei. Davis hielt das augenscheinlich für eine patriotische Beschönigung, und es schloß sich ein ganz interessantes Gespräch daran über die ursprüngliche revolutionäre Verbundenheit des nationalen und des demokratisch-freiheitlichen Gedankens und über den zwar reaktionären, aber geistig nicht verächtlichen Kampf der Metternich und Gentz gegen diese hochherzige, auf Vereinigung gerichtete und doch auch wieder sprengkräftige Mischung. –

Dann, Anfang Juli, kam New York und eine Folge von Tagen freundlichen Festtrubels, auf dessen Verzeichnung im einzelnen mein Tagebuch verzichten mußte, und gut tue ich, auch hier das meiste davon in schweigender Erinnerung zu übergehen. Mein Bedauern darüber will ich festhalten, daß die Musiker sich die Rolle, welche die Musik in dem Deutschland-Vortrag spielt (ich wiederholte ihn im Hunter-College), schmerzlich zu Herzen nahmen. Noch weiß ich, wie ich den betrübten Adolf Busch spät in der Nacht vom Hotel aus anrief, um ihm zu versichern, daß die Bedenklichkeiten, die ich gegen die deutscheste der Künste vorgebracht, nur eine Form der Huldigung seien. – Nach einer von der »Tribüne« veranstalteten Feier, zu der unser gelehrter Freund Dean Christian Gauss von Princeton herübergekommen war, saß ich mit Paul Tillich und dem Schriftsteller Heinrich Eduard Jacob beim Wein zusammen, und dieser erzählte aus offenbar unauslöschlicher Erinnerung von seinen Erfahrungen im Konzentrationslager, wobei er Äußerungen über das Archaische auf dem Grunde der Volksseele tat, die überraschend mit gewissen Bemerkungen darüber in den Anfängen des *Faustus* übereinstimmten. – Mit Ake Bonnier und seiner amerikanischen Frau fuhren wir hinaus nach Old Greenwich zu Bermanns, wo zahlreiche Gesellschaft war und gute Musikanten sich mit Schuberts B-dur-Trio erquicklich hören ließen. Viel freundschaftlich-gesprächreiches Zusammensein gab es mit Erich Kahler. Den Abend des 6. Juni selbst verbrachten wir in engstem Kreise bei Bruno Walter. Hubermann war da, nach dem Essen fanden noch einige Freunde sich ein, und die beiden Meister spielten Mozart zusammen, – ein Geburtstagsgeschenk, wie es nicht jedem geboten wird. Ich wog Hubermanns Bogen in der Hand, der mir überraschend schwer erschien. Walter lachte. »Ja, die Leichtigkeit«, sagte er, »das ist er, nicht der Bogen!«

Ein politisches Bankett der »Nation Associates« war auf den 25. angesetzt. Mit unserer Tochter Monika verbrachten wir zehn Tage auf dem Lande, am Lake Mohonk, Ulster County, in den Vorbergen der Rocky Mountains. Das stattliche, im Schweizer Stil gebaute Hotel, Mountain House genannt, von Quäkern geleitet, liegt am See in einer Parklandschaft mit felsigen Hügeln, einer Art von gehegtem Gralsgebiet viktorianischen Geschmacks, in das kein fremder Wagen einfahren darf, mit allerlei »outlooks«, Türmchen und Brückchen zierlich versehen, ein altmodischer Kurort ohne Kur, wenn man nicht etwa die Enthaltung von alkoholischen Getränken als solche ansehen will, – ein Aufenthalt, zum Ausruhen wohl geeignet und um diese Jahreszeit von frischerer Atmosphäre immerhin, als das stickig dampfende New York. Übrigens war auch hier die Luft erschlaffend und drückend genug, und meist donnerte es von morgens bis abends. Ich hatte Mühe, meine Tischrede für jenes bevorstehende Dinner zustande zu bringen, las Briefe, las Alfred Einsteins *Mozart* in englischer Übersetzung und wieder einmal *Onkelchens Traum*, gerührt von der holden Gestalt der Sinaida, die so eindrucksvoll ist kraft des offenkundigen Gefühls, das ihr der Verfasser entgegenbringt. Es entsprang diese Lektüre einem der »Dial Press« in New York gegebenen Versprechen, für eine Ausgabe der kleineren Romane Dostojewskys eine Einleitung zu schreiben. Die Zusage hatte ihren Sinn. Die im Zeichen des *Faustus* stehende Lebensepoche zeitigte ein entschiedenes Vorwiegen des Interesses an Dostojewskys apokalyptisch-grotesker Leidenswelt vor der sonst tieferen Neigung zu Tolstois homerischer Urkraft.

Die Zeitungen waren voll vom Triumphzuge Eisenhowers, des Siegers im europäischen Kriege, durch die Hauptstädte des Landes, wobei sie nicht seine wiederholt ausgesprochene Mahnung zu fortdauernder Zusammenarbeit mit Rußland unterschlugen. Ich habe wenig Zweifel, daß gewisse Wendungen in der späteren Laufbahn des Generals mit dieser nonkonformistischen Gesinnung sehr zu tun hatten und daß er ohne sie heute nicht Präsident der Columbia Universität wäre. War nicht, im Bunde mit Rußland Deutschland zu schlagen, im Grunde eine »Un-American Activity?« Es wäre ein »Congressional Hearing« darüber anzuberaumen. –

Der Spaziergang um den See weckte Chasté-Erinnerungen, und so war die Ideenverbindung mit dem Nietzsche von Sils Maria – und mit meinem Buch gegeben. Am Abend wurde die Kurgesellschaft mit Filmvorführungen auf der Terrasse und Kammer-Musik im Saal unterhalten. Wir waren kaum eine Woche in Mohonk, als Trauernachricht uns traf. Bruno Frank war gestorben. Er hatte mit schwer beschädigtem Herzen noch eine Lungenentzündung im Hospital überstanden. Dann, nach Hause zurückgekehrt, war er eines Nachmittags in seinem Bett, auf der Steppdecke allerlei Zeitschriften, eine Hand unter dem Kopf, im Schlafe unmerklich und mit friedlichster Miene abgeschieden, ein Sonntagskind im Tode, wie er es, selbst noch unter den Unbilden der Zeit, im Leben gewesen war. Gern hätte ich mich, die Nachricht im Herzen, dem stillen Rückblick auf fünfunddreißig Jahre kaum unterbrochener Nachbarschaft und des ständigen Austausches mit diesem guten Gesellen überlassen und verfluchte die Rolle des Schriftstellers, die ihm bei solcher Gelegenheit sogleich den Zwang zu geformter Äußerung, zum Wortemachen und Sätzedrechseln auferlegt. Ein

Gedenk-Artikel für den New Yorker »Aufbau« war unabweisbar gefordert. Ich brachte einen föhnig schwülen Vormittag damit zu, ihn in Façon zu bringen, befriedigt doch auch wieder von der Möglichkeit, dem liebenswürdigen Menschen, dem glücklichen Poeten, dem Freunde voll treuen Glaubens den Tribut der Dankbarkeit zu entrichten.

Er hatte das Letzte, was ihm zu schreiben vergönnt gewesen, das Eingangskapitel zu einem Chamfort-Roman, der, nach diesem Anfang zu schließen, das Werk seiner besten Reife geworden wäre, für das Heft der »Neuen Rundschau« gespendet, das, gefüllt mit Kundgebungen freundlicher Anerkennung, zu meinem Geburtstag herausgekommen war, und mit dem die schon historische Zeitschrift des alten S. Fischer Verlages ihr regelmäßiges Erscheinen wieder aufnahm. Ich hatte das Heft mit mir in Mohonk und warf dann und wann einen scheuen Blick in das üppige Dickicht seiner Lobsprüche. Mein Schwiegersohn Borgese pflegt von »Vitamin P.«, das ist »Praise«, zu sprechen, und es ist wahr, diese Droge kann tonisch, kann belebend wirken und selbst bei skeptischer Gesinnung doch wenigstens Erheiterung bringen. Wir alle tragen Wunden, und Lob ist, wenn nicht heilender, so doch lindernder Balsam für sie. Dennoch steht, wenn ich nach eigener Erfahrung urteilen darf, unsere Empfänglichkeit dafür in keinem Verhältnis zu unserer Verletzbarkeit durch schnöde Herabsetzung, hämische Schmähung. Wie dumm diese sei und wie offenkundig bestimmt sogar durch irgendeine private Ranküne: sie beschäftigt, als Ausdruck der Feindschaft, weit tiefer und nachhaltiger, als das Gegenteil, – sehr törichterweise, da Feinde ja das notwendige und geradezu beweisende Zubehör jedes stärkeren Lebens sind. Andererseits ist Lob eine schnell sättigende, schnell widerstehende Speise, die innere Abwehrbewegung dagegen ist bald vollendet, und das beste wäre denn also wohl, es gäbe weder Gutes noch Böses in unserer Sache überhaupt zu vernehmen, was leider nun wieder bei einem hinauswirkenden, die Gemüter verschiedentlich bewegenden Dasein nicht möglich ist. – Ein Glück noch, wenn, wie es hier bei den bedeutendsten Beiträgen der Fall war, Person und Werk nur zum mehr oder weniger zufälligen Anlaß höherer und allgemeinerer Betrachtung werden. Als Mittel zu kulturkritischer oder kunstphilosophischer Erkenntnis zu dienen, ist mehr und besser, als schmeichelhaft: es ist ehrenvoll und bringt objektiven Gewinn. –

Ich habe ein unter holdem Sich-verstecken geäußertes »Oh, really?« im Ohr, das die Antwort war, auf ein Wort, zum Abschied gesprochen, als wir Lake Mohonk verließen. Cynthia, sechzehnjährig, verbrachte mit ihren Eltern die Ferien, oder einen Teil davon, an dem gefriedeten Ort, – ein College girl mit ausgesprochen geringer Meinung von diesem vorläufigen Lebensstand. Was er ihr bot, bezeichnete sie achselzuckend als »very insignificant«. Hier las sie einen amerikanischen »classic« namens *The Magic Mountain*, und es war recht lieblich, sie damit herumgehen zu sehen, besonders wenn sie ihre hellrote Jacke trug, ein mit Recht und meinetwegen auch aus Berechnung von ihr bevorzugtes Kleidungsstück, das ihrer leichten Gestalt vorzüglich zustatten kam. Dem Urheber ihrer beschwerlichen, aber eben darum erhebenden Unterhaltung hier zu begegnen, war wohl eine Überraschung, ein jugendliches Abenteuer sogar, und als bei einer Abendmusik ihre gute Mutter die Bekanntschaft anbahnte, gab sie entschuldigend zu verstehen, daß Cynthia sehr aufgeregt sei. Wirklich hatte diese damals recht kalte Hände, aber später nicht mehr, bei freundschaftlichen Gesprächen im Gesellschaftszimmer oder auf dem das Haus umlaufenden deckartigen Balkon. Fand sie heraus, daß die zarte Bewunderung des Beschwerlich-Erhebenden sich beruhigen mag in einer erwidernden Bewunderung, die dem ewigen Reiz süßer Jugend gilt und beim letzten Blick in die braunen Augen nicht ganz ihre Zärtlichkeit verschweigt? »Oh, really?!« –

Das Nation-Dinner im New Yorker Waldorf Astoria ging auch vorüber. Es war keine geringe Veranstaltung. Obgleich das Gedeck 25 Dollars kostete, war der Saal überfüllt, – kein Wunder, denn die Rednerliste war sensationell. Robert Sherwood machte den Toastmaster, zum ersten und letzten Mal, wie er mir und dem Publikum versicherte. Es sprachen Freda Kirchwey, Felix Frankfurter vom Supreme Court, Negrin, Shirer und Secretary of the Interior, Ickes. Sobald ich auch mein Sprüchlein gesagt, mußte ich fort zum Columbia Broadcast, um meine Rede, füglich gekürzt, ins Mikrophon zu sprechen. Die Zeitungen brachten »editorials« über das hochpolitische Fest. Und doch war mir's nicht halb so wichtig, wie ein am folgenden Tage auf deutsch begangenes: Wir hatten mit Bermanns, Frau Hedwig Fischer, Fritz Landshoff, Gumpert, Kahler und Kadidja Wedekind und Monika irgendwo in der Stadt zu Abend gegessen, Joachim Maass kam hinzu, und in unserem Wohnraum, Hotel St. Regis, las ich diesen Frauen, Verlegern, Schriftstellern und jungen Mädchen aus dem *Faustus* vor: das Esmeralda-Kapitel, die Ärzte, die Anfänge des Teufelsgesprächs mit der »Hölle«. Wenn ich je Ermutigung durch solche Mitteilsamkeit gewonnen, so diesmal, und der Tagebuch-Rapport des folgenden Datums verzeichnet das Nachklingen eines glücklichen Abends.

Wir reisten. Noch gab es in Chicago eine wohlbestellte Feier, die der Universität und persönlich einem gütigen Freunde, James Frank, dem großen Physiker, zu danken war, und am 4. Juli trafen wir zu Hause wieder ein. Der Dostojewsky-Aufsatz war gleich zu Wege zu bringen: Erkältet und müde, stellte ich die vierundzwanzig Seiten in zwölf Tagen her und konnte mich im letzten Drittel des Monats, zurückgreifend erst und bessernd, dann vorwärtsdringend, dem *Faustus* wieder zuwenden.

XI

Damals entstanden die Partien des Romans, welche, die zeitliche Ebene wechselnd, die vormalige Katastrophe Deutschlands mit der schrecklicher heranwachsenden kontrapunktierend, das Schicksal des Helden und anderer Bewohner des Buches, der Rodde'schen Mädchen, des Geigers Schwerdtfeger weitertreiben und, indem sie das Tragische wie das Groteske aufbieten, den von rabulistischer Quertreiberei des Geistes verhöhnten Endzustand einer Gesellschaft zu kennzeichnen suchen, überhaupt darauf aus sind, das Gefühl des *Endes* in jedem Sinn accelerando heraufzubeschwören und im Grunde mit jedem Wort auf Leverkühns entscheidendes und repräsentatives Werk, das apokalyptische Oratorium hinstreben. Gerade hatte ich Kapitel XXVII mit Adrians Fahrt in die Meerestiefen und ins »Gestirn« (frei nach dem Volksbuch) abgeschlossen, als sich »der erste Angriff auf Japan mit Bomben, in denen die Kräfte des gesprengten Uran-Atoms wirksam«, ereignete, und wenige Tage nach der Heimsuchung Hiroshimas mit kosmischen Gewalten, an deren Dienstbarmachung zum Zweck unerhörter Zerstörung Tausende von Menschen, in geheimnisvoller Arbeitsteilung, mit einem Kostenaufwand von zwei Milliarden Dollars gewirkt und gewerkt hatten, wurde Nagasaki von demselben Schicksal ereilt. Es war eine politische Exploitierung des »Inneren der Natur«, in das, wie der Dichter meinte, dem »erschaffenen Geist« nicht zu dringen bestimmt war, – eine politische, weil die Anwendung der unheimlichen »Waffe« für den Sieg über Japan keineswegs mehr nötig war. Sie war nur nötig, um der Teilnahme Rußlands an diesem Siege zuvorzukommen, – ein Motiv, das selbst dem Vatikan nicht zu genügen schien, da er Sorge und religiöse Mißbilligung äußerte. Die Skrupel des Heiligen Vaters wurden von vielen, und auch von mir, geteilt. Aber ein Glück war es ja, daß Amerika das Rennen gegen die nazideutsche Physik gewonnen hatte.

Auf jeden Fall war noch vor Mitte August die bedingungslose Kapitulation Japans und damit, nur sechs Tage nach der russischen Kriegserklärung an das Inselreich, das Ende des »Zweiten Weltkrieges« zu verzeichnen. In Wahrheit endete nichts, sondern ein unaufhaltsamer Prozeß gesellschaftlich-ökonomisch-kultureller Weltveränderung, der vor einem Menschenalter begonnen hatte, rollte abenteuerträchtig ohne wirkliche Unterbrechung weiter. Während die Weltgeschichte mit Volksjubel und Fahnen heraus! eines ihrer blinden Feste beging, hatte ich meine kleinen Privatsorgen und -mühen, die in die Sorgen und Mühen um den Roman ablenkend hineinspielten. Das Office of War Information hatte einen an mich gerichteten Offenen Brief des deutschen Schriftstellers W. von Molo mitgeteilt, ein Dokument, erschienen zu Anfang des Monats in dem Blatte »Hessische Post« und dem Inhalt nach eine dringende Aufforderung, nach Deutschland zurückzukehren und meinen Wohnsitz wieder unter dem Volk zu nehmen, dem meine Existenz längst so anstößig gewesen war, und das gegen die Behandlung, die ich von seinen Machthabern erfahren, nicht das geringste zu erinnern gehabt hatte. »Kommen Sie als ein guter Arzt ...« Es lautete mir recht falsch, und das Tagebuch sucht die unvernünftige Störung durch ein stehendes »Schrieb am Kapitel« beiseite zu schieben. Es gab andere Abrufe. Liesl Frank, in ihrer rührend-zügellosen Trauer um den verlorenen Gatten, in ihrem Wunsch, seinem Andenken Feste zu bereiten, plante nicht nur für später eine große öffentliche Trauerfeier, sondern wollte auch, daß vorher eine intimere Veranstaltung dieses Sinnes bei uns ins Werk gesetzt werde. So luden wir denn etwa zwanzig Personen, Feuchtwangers darunter und Bruno Walter, in unseren »living-room« zusammen, denen ich von meinem Lesetischchen aus sagte, daß dies keine Stunde der Kopfhängerei, sondern der Freude an der glänzenden Lebensspur des abgeschiedenen Freundes sei. Vor mir saß, Hand in Hand mit meiner Frau, in ihrem schwarzen Kleid die begierig Trauernde und genoß es unter Tränen, daß ich den Gästen Franks reizende Geschichte Die Monduhr, dann ausgewählte Gedichte von ihm, dann Altersverse von Fontane las, die wir in ihrer kunstvollen Saloppheit immer zusammen geliebt und einander oft auswendig vorgesagt hatten. Recht angemessen waren solche Anstrengungen meiner körperlichen Verfassung eigentlich nicht. Aber wer verweigert gern seine Lebenskraft einem lieben Toten!

Der Sommer war ungewöhnlich schön, strahlend ohne Hitze, wie man ihn nur hier genießt, von der Ozean-Brise Tag für Tag erfrischend durchweht. Ich machte Kapitel XXVIII (die Verwirrungen des Barons von Riedesel) in bloßen zehn Tagen fertig und begann das folgende, die Ehe der Ines mit Helmut Institoris, zu erzählen, – in dem leicht apprehensiven Bewußtsein, daß ich um eine Antwort, und zwar eine leidlich gründliche, an den von Molo, oder eigentlich an Deutschland, nicht herumkommen würde. Ein Abend bei Adorno führte mich wieder mit Hans Eisler zusammen, und es gab eine Menge stimulierend »zugehörigen« Gesprächs: über das schlechte Gewissen der homophonen Musik vor dem Kontrapunkt, über Bach, den »Harmoniker« (als welchen ihn Goethe bestimmt hatte), über Beethovens Polyphonie, die nicht natürlich und »schlechter« sei als die Mozarts. – Musik gab es auch in dem Haus einer gastfreien Mrs. Wells in Beverly Hills, wo der glänzend begabte Pianist Jakob Gimbel (vom nicht zu schlagenden und immer nachwachsenden ostjüdischen Virtuosentyp) Beethoven und Chopin spielte. – Und wieder einmal fanden die Kinder und Großkinder aus San Francisco sich bei uns ein: »Wiedersehen mit Frido, entzückt ... Morgens mit Frido. Lachte Tränen über seine Reden und war zerstreut. Schrieb aber dann am Kapitel und bin doch neugierig.« – Am Abend des 26. August, einem Sonntag, hatten wir Gäste bei uns und Kammermusik: Vandenburg spielte mit amerikanischen Freunden Trios von Schubert, Mozart und Beethoven. Da nahm meine Frau mich beiseite und sagte mir, Werfel sei tot. Lotte Walter hatte telephoniert. Gegen Abend war er in seinem Arbeitszimmer, eben fertig mit der Revision der Ausgabe letzter Hand seiner Gedichte, auf dem Wege vom Schreibtisch zur Tür, ein wenig Blut im Mundwinkel, entseelt zusammengebrochen. Wir ließen unser kleines Fest zu Ende gehen, ohne die Nachricht laut werden zu lassen, und saßen nach Weggang der Gäste lang in bewegtem Gespräch beisammen. Am nächsten Morgen waren wir bei Alma. Es waren dort Arlts, Neumanns, Mme. Massary, Walters und andere. Liesl Frank fuhr vor, als wir ankamen. »Ein gutes Jahr, was meint ihr?« sagte sie bitter. – Eine leichte Kränkung durch den Abbruch, den dieser Tod ihrem eigenen Leide tat, war ihr wohl anzumerken. Und liegt denn nicht wirklich im Künstlertode, in der Verewigung, dem Eintritt in die Unsterblichkeit etwas Apotheotisches, das der liebend Verbleibende nicht durch Parallelfälle konkurrenziert zu sehen wünscht?

Ich hatte fern sein müssen bei Franks Bestattungsfeier; derjenigen Werfels, am 29., wohnten wir bei. Sie geschah in der Kapelle der Begräbnisgesellschaft von Beverly Hills. Die Blumenpracht war groß, und zahlreich die Trauerversammlung, die viele Musiker und Schriftsteller einschloß. Die Witwe, Mahlers Witwe und nun die Werfels, war nicht zugegen. »Ich bin nie dabei«, hatte die großartige Frau gesagt, – ein Ausspruch, der mir in seiner Echtheit so komisch nahe ging, daß ich nicht wußte, ob es Lachen oder Schluchzen war, was mir vorm Sarge die Brust erschütterte. Lotte Lehmann sang im Nebenraum zu Walters Begleitung. Die Gedenkrede des Abbé Moenius verzögerte sich lange beim immer verlegener werdenden Präludieren der Orgel, da Alma im letzten Augenblick das Manuskript zu energischer Nachprüfung eingefordert hatte. Moenius sprach nicht als Vertreter der Kirche, sondern als Freund des Werfel'schen Hauses, aber seine Rede, mit Dante-Zitaten anstelle der Bibelworte geschmückt, hatte alle Merkmale katholischer Kultur. Die Veranstaltung als Bild, als Gedanke, erschütterte mich fast über Gebühr, und im Freien nachher, bei der Begrüßung mit Freunden und Bekannten, las ich in ihren Mienen das Erschrecken über mein Aussehen.

»Lange gearbeitet« lautet die Notiz des nächsten Tages. Gemeint war der Roman, aber die Antwort nach Deutschland, der Brief an den interpellierenden Schriftsteller, war nicht länger zurückzustellen, und wenn ich mich mit einigem Seufzen daran machte, so drängte doch, wie damals, als ich aus Zürich an die Bonner Fakultät schrieb, vieles zur Sprache, was hier Gelegenheit hatte, eine haltbar dokumentarische Form anzunehmen. Beschämenderweise brauchte ich nicht weniger als acht Tage zur Fertigstellung der Replik; denn obgleich ich sie am fünften schon abschloß, erwies eine kontrollierende Vorlesung die Notwendigkeit, den Schluß, eigentlich die zweite Hälfte, umzuschreiben; ein Tag noch galt »geniertem Herumexperimentieren«, ein weiterer neuem Abschließen, und an wieder einem heißt es: »Tatsächlich noch einmal.« Dann war es denn doch getan, – in humanem Geist, wie mir schien, einem Geist der Versöhnlichkeit und tröstlicher Haupterhebung zum Schluß, wie ich mich bereden wollte, obgleich ich mir hätte vorhersagen können, daß man drüben von allem nur das Nein vernehmen werde, – und das Schriftstück ging ab nach Deutschland, an den New Yorker »Aufbau« und an das O.W.I.

»Das laufende Kapitel nachgelesen. Endlich an diesem weiter.« Ein altes Buch war mir damals zugekommen: *Die Sage vom Faust. Volksbücher, Volksbühne, Puppenspiele, Höllenzwang und Zauberbücher* von J. Scheible, Stuttgart 1847, Verlag des Herausgebers. Es ist eine dickleibige Anthologie aller vorkommenden Formungen des populären Stoffes und der erdenklichsten Betrachtungen darüber, mit Einschluß etwa des Aufsatzes von Görres über die Zaubersage, den Geisterbann, den Bund mit dem Bösen aus seiner *Christlichen Mystik* und eines sehr merkwürdigen Stückes aus dem 1836 erschienenen Werk *Über Calderons Tragödie vom wundertätigen Magus. Ein Beitrag zum Verständnis der Faustischen Fabel* von Dr. Karl Rosenkranz, worin folgende Äußerung aus Franz Baaders Vorlesungen über religiöse Philosophie zitiert wird: »Der wahre Teufel muß die äußerste Erkältung sein. Er muß ... die höchste Genügsamkeit in sich selbst, die extreme Gleichgültigkeit, sich selbst genießende Verneinung seyn. Es ist nicht zu leugnen, daß eine solche Erstarrung der leeren Selbstgewißheit, welche allen Inhalt außer diesem Sich-Haben von sich ausschließt, die vollendete Nullität ist, der alles Leben mit Ausnahme der stechendsten Egoität entwichen ist. Aber eben durch dieß Eisige würde die Darstellung des Teuflischen in der Poesie unmöglich gemacht. Hier kann nicht eine Entblößung von *allem* Pathos eintreten, sondern ist zum Handeln ein Interesse des Satans nothwendig, dessen Äußerung eben als *Ironie* über die Wirklichkeit erscheint ...« Das sprach mich nicht wenig an, und überhaupt las ich viel in dem alten Pappband. Außerdem beschäftigte Adalbert Stifter mich wieder einmal aufs angelegentlichste. Ich las seinen *Hagestolz* wieder, den *Abdias*, den *Kalkstein*, den ich »unbeschreiblich eigenartig und von stiller Gewagtheit« fand, und solche erstaunlichen Dinge wie den Hagelschlag und die Feuersbrunst in der Geschichte vom braunen Mädchen. Man hat oft den Gegensatz hervorgekehrt zwischen Stifters blutig-selbstmörderischem Ende und der edlen Sanftmut seines Dichtertums. Seltener ist beobachtet worden, daß hinter der stillen, innigen Genauigkeit gerade seiner Naturbetrachtung eine Neigung zum Exzessiven, Elementar-Katastrophalen, Pathologischen wirksam ist, wie sie etwa in der unvergeßlichen Schilderung des gewaltigen Dauer-Schneefalls im Bayerischen Wald, in der berühmten Dürre im Heidedorf und in den vorhin genannten Stücken beängstigend zum Ausdruck kommt. Auch die Gewitter-Verwandtschaft des Mädchens im Abdias, ihre Anzüglichkeit für den Blitz, gehört in diesen unheimlichen Bereich. Wo fände man dergleichen bei Gottfried Keller? – an dessen Humoristik eine Geschichte wie Der Waldsteig doch auch wieder so auffallend anklingt. Stifter ist einer der merkwürdigsten, hintergründigsten, heimlich kühnsten und wunderlich packendsten Erzähler der Weltliteratur, kritisch viel zu wenig ergründet. –

Damals also nahm ich mir die robuste Sudelei eines C. Barth in der New Yorker »Neuen Deutschen Volkszeitung« recht wie ein Tor zu Herzen, und gleichzeitig ging über das O. W. I. ein schiefer und aufreizender Artikel von Frank Thieß aus der »Münchener Zeitung« ein, jenes Dokument, worin eine Körperschaft, genannt »Innere Emigration«, sich mit vieler Anmaßung etablierte: die Gemeinde der Intellektuellen, die »Deutschland die Treue gehalten«, es »nicht im Unglück im Stich gelassen«, seinem Schicksal nicht »aus den bequemen Logen des Auslandes zugesehen«, sondern es redlich geteilt hatten. Sie hätten es redlich geteilt, auch wenn Hitler gesiegt hätte. Nun war über den Ofenhockern der Ofen zusammengebrochen, und sie rechneten es sich zu großem Verdienste an, ergingen sich in Beleidigungen gegen die, welche sich den Wind der Fremde hatten um die Nase wehen lassen, und deren Teil so vielfach Elend und Untergang gewesen war. Dabei wurde Thieß in Deutschland selbst durch die Veröffentlichung eines Interviews aus dem Jahre 33, worin er sich begeistert zu Hitler bekannt, aufs schwerste bloßgestellt, so daß die Truppe ihr Haupt verlor. Illiterate Schimpfereien gegen mich persönlich in deutsch-amerikanischen Winkelblättern setzten meinen Nerven zu. Heimgekehrte Emigranten schrieben gegen mich in der deutschen Presse. »Die Angriffe, Falschheiten, Dummheiten«, gesteht das Tagebuch, »ermüden mich wie schwere Arbeit.«

Es gab Kompensationen und Erfrischungen. Ein großer Aufsatz der »Nouvelles Littéraires«, worin die außerordentliche Leistung, die Louise Servicen mit ihrer Übersetzung von *Lotte in Weimar* vollbracht hatte, und das Buch selbst mit seltener Feinheit gewürdigt wurden, freute mich mehr, als jene Ärgernisse mich vergrämten. Erika schickte mir das Blatt aus Mondorf in Luxemburg zusammen mit einem Bericht, wie sie die vorläufig dort verwahrten abzuurteilenden Nazi-Oberen in ihrem Hotel-Gefängnis visitiert habe. Die Aufregung der gestürzten Schreckensmänner, als sie erfahren hatten, wer die amerikanische Kriegskorrespondentin gewesen sei, hatte sich in vielen Abstufungen von wildem Abscheu bis zum Ausdruck des Bedauerns geäußert, darüber, nicht ein vernünftiges Wort mit ihr geredet zu haben. »Ich hätte ihr alles erklärt!« hatte Göring gerufen. »Der Fall Mann ist falsch behandelt worden. Ich hätte es anders gemacht!« – Wie wohl? Gewiß hätte er uns ein Schloß, eine Million und jedem einen Brillantring angeboten, wenn wir dem Dritten Reich beitreten würden. Fahr hin, jovialer Mordwanst! Du hast es wenigstens genossen, während dein Herr und Meister nie nirgends gelebt hat als in der Hölle.

Fast gleichzeitig kam auch der eindrucksvolle Artikel mir zu, den Georg Lukács zu meinem 70. Geburtstag in der »Internationalen Literatur« veröffentlicht hatte. Dieser Kommunist, dem das »bürgerliche Erbe« am Herzen liegt, und der imstande ist, über Raabe, Keller oder Fontane fesselnd und verständnisvoll zu schreiben, hatte schon in seiner Aufsatz-Serie über die deutsche Literatur im Zeitalter des Imperialismus meiner mit Klugheit und in Ehren gedacht und dabei die dem Kritiker unentbehrliche Fähigkeit bewährt, zwischen Meinen und Sein (oder dem aus dem Sein geborenem Tun) zu unterscheiden und nur dieses, nicht jenes, für bare Münze zu nehmen. Was ich mit vierzig Jahren meinte, hindert ihn nicht, mich aufs bestimmteste mit meinem Bruder zusammenzustellen und zu sagen: »Denn Heinrich Manns *Untertan* und Thomas Manns *Tod in Venedig* kann man bereits als große Vorläufer jener Tendenz betrachten, die die Gefahr einer barbarischen Unterwelt innerhalb der modernen deutschen Zivilisation, als ihr notwendiges Komplementärprodukt, signalisiert haben.« Damit ist sogar auf die Beziehungen zwischen der venezianischen Novelle und dem *Faustus* schon im voraus hingewiesen. Und es ist darum so gut, weil der Begriff des »Signalisierens« in aller Literatur und Literatur-Erkenntnis von erster Wichtigkeit ist. Der Dichter (und auch der Philosoph) als Melde-Instrument, Seismograph, Medium der Empfindlichkeit, ohne klares Wissen von dieser seiner organischen Funktion und darum verkehrter Urteile nebenher durchaus fähig, – es scheint mir die einzig richtige Perspektive. – Dies nun vollends, der Geburtstags-Essay *Auf der Suche nach dem Bürger* war eine soziologisch-psychologische Darstellung meiner Existenz und Arbeit, wie ich sie in so großem Stil noch nicht erfahren hatte, und stimmte mich darum zu ernster Dankbarkeit, – nicht zuletzt auch, weil der Betrachtende das Meine nicht nur »historisch« sah, sondern es mit deutscher Zukunft in Beziehung brachte. Sonderbar nur, daß in noch so wohlwollenden Würdigungen dieser kritischen Linie und Sphäre das *Joseph*-Werk konsequent ausgelassen, umgangen wird. Es ist das eine Sache der Observanz und totalitären Rücksicht: Der *Joseph* ist »Mythos«, also Ausflucht und Gegenrevolution. Schade. Und vielleicht nicht ganz richtig. Da aber auch die katholische Kirche das Werk nicht mag, weil es das Christentum relativiert, so bleibt ihm nur eine Humanistengemeinde, welche sich die Sympathie mit dem Menschlichen frei gefallen läßt, von der es in Heiterkeit lebt. –

Nun soll es nicht aussehen, als ob Gutes und Tröstliches mir nur aus der nicht-deutschen Welt gekommen wäre. Klaus schrieb aus Rom von den Plakaten, die er überall in Berlin gesehen habe, und die Vorträge über *Joseph*, Rezitationen aus *Lotte* angezeigt hätten. Im neuen deutschen Radio, hörte ich, wurde dies und das von mir vorgelesen. Die Kriegsgefangenen-Lagerzeitung »Der Ruf« (jetzt in München erscheinend) druckte Freundlich-Vertrauensvolles über mich. Es gab, entgegen Thieß und den anderen, Bekenntnisse zu meinem Namen in deutschen Zeitungen. Kurz, die Verneinung war nicht einhellig, und wie sollte die Bejahung es sein? Immer heißt es, sich bei dem alten Spruche zu beruhigen, den ich so früh an einem Lübecker Giebel las: »Allen zu gefallen ist unmöglich.« Als ob es auf das Gefallen überhaupt ankäme und nicht vielmehr auf die Wirkung, die sich aus Mißverständnissen, Kontroversen, Peinlichkeiten endlich denn doch herausklärt. Freilich ist diese Klärung etwas dem Tode sehr Nahes oder auch erst nach ihm sich Vollziehendes. Leben ist Pein, und nur solange wir leiden, leben wir. –

Briefe von alten Freunden kamen nun auch, da Deutschland wieder offen war: von Preetorius, von Reisiger, von Jüngeren wie Süskind, doch nichts von Ernst Bertram, nach dessen Ergehen ich mich da und dort erkundigte, ohne mehr als Halbberuhigendes erfahren zu können. Briefe auch von solchen, die man als sinistre Figuren zu betrachten sich gewöhnt hatte, und denen, obgleich sie es nie gewesen sein wollten, zu antworten nicht ganz leicht war, wie Kircher von der »Frankfurter Zeitung« und Blunck, einst Präsident von Hitlers Reichsschrifttumskammer. Außerdem schrieben aus Deutschland eine Menge Leute, die mir ihr Leid klagten, wie doch die Sieger so gar nicht zwischen Böcken und Schafen, Schuldigen und Unschuldigen unterschieden, alles Deutsche moralisch über einen Kamm schören, und die mich beschworen, kraft meines ungeheuren Einflusses sofort darin Wandel zu schaffen.

»Beschäftigung mit dem Weitergang des Romans (Kriegsausbruch) an Hand alter Tagebücher. An XXX dringlich fortgeschrieben ... Nachts unwohl, Frost, Erregung, Erkältung, gestörter Schlaf, Gefühl annahender Krankheit ... Die englische Version des *Briefes nach Deutschland* für ›London News Chronicle‹ ... Stundenlange Post-Arbeit ... Kleists *Marionetten*. Frank Harris' Buch über Shakespeare. Bedachte mit K. die Ungeheuerlichkeit dieses Jahres, den Hagel von Erschütterungen, eingerechnet die vielen Todesfälle: zuletzt noch Béla Bartók, Roda-Roda, Beer-Hofmann, auch Seabrook, der sich das Leben genommen. Es wäre kein Wunder, wenn man noch müder wäre. Aber das Interesse am Roman hat sich belebt in diesen Tagen. Verdutztheit durch das Unromanhafte, sonderbar real Biographische, das doch Fiktion ist ... Vorsorge weit hinaus, über viel Schwieriges hinweg: Schrieb an Walter nach New York, mir leihweise meinen Brief über Frido zu überlassen, in Hinsicht auf Nepomuk Schneidewein ... Rede zur Frank-Gedenkfeier, nachmittags abgeschlossen.«

Ja, das war nun an der Reihe, ein Kelch, ein Opfer, gern dargebracht und mit stillem Murren doch auch wieder über die Unerbittlichkeit des Anspruchs. Die Veranstaltung fand statt am 29. September im Play House von Hollywood. Der große Saal war gefüllt, ganz »Deutschland-Kalifornien« versammelt. Auch mein Bruder, so selten er ausgeht, war mit uns. Es gab Rezitationen, Vorlesungen geschulter Sprecher, die dennoch mit gewissen Unbilden der Akustik nicht fertig wurden, und die das entfernter sitzende Publikum mit dem schrecklichen Zuruf »Lauter!« verärgerte. Lose Szenen sodann, allzu lose, aus dem reizenden Lustspiel *Sturm im Wasserglas*. Ich sprach zuletzt, vor dem pianistischen Abschluß, – angestrengt, erschöpft und von Herzen. Es sei ergreifend, zu ergreifend gewesen, urteilte Heinrich. Am Telephon, nächsten Tages, meinte Liesl Frank, man sollte mir so etwas, wie das Gestrige, gar nicht zumuten, ich gäbe zuviel her dabei, es müsse das letzte Mal gewesen sein. – Aber wenn es nun auch zu einer Franz Werfel-Feier kam?

Ich stand in Kapitel XXXI, das das Ende des Krieges, die Figuren der »dienenden Frauen« und die Wendung Adrians zur Puppen-Oper bringt, und »las abends lange in den *Gesta Romanorum*. Die schönste und überraschendste der Geschichten ist die von der Geburt des Heiligen Papstes Gregor. Die Erwählung, verdient durch die Entstehung aus Geschwister-Verkehr und durch Blutschande mit der Mutter, – was alles freilich durch eine siebzehnjährige unglaubliche Askese auf dem wilden Stein abgebüßt wird. Extreme Sündhaftigkeit, extreme Buße, nur diese Abfolge schafft Heiligkeit«. – Ich wußte nichts von den vielfachen Erscheinungsformen der Legende, hatte besonders von Hartmann von Aues mittelhochdeutschem Gedicht kaum gehört. Aber sie gefiel mir so gut, daß ich gleich damals mit dem Gedanken umging, den Stoff meinem Helden eines Tages wegzunehmen und selbst einen kleinen archaischen Roman daraus zu machen.

Am 9. November wurde das XXXII., mit dem beklemmenden Gespräch zwischen Ines und Zeitblom, in Angriff genommen und zwanzig Tage später abgeschlossen. Vorbereitungen zum nächsten, das wieder mit der »doppelten Zeit« arbeiten, das Motiv der kleinen Seejungfrau ausführen und Schwerdtfegers elbische Flirtnatur recht zu Gemüte führen wollte, begannen sogleich. Aber mein Gesundheitszustand, verstärkter Schnupfen und Husten, Angegriffenheit von dem Dauer-Katarrh und schlechtes Aussehen, führte wieder einmal eine Konsultation des Doktors herbei, deren Ergebnis dem eigenen Gefühl entsprach: Weitere Gewichtsabnahme, Verschleimung der Bronchien, zu niedriger Blutdruck wurden festgestellt, Rezepte zur Unterstützung der Ernährung ausgeschrieben. Zurück zum Roman also, ausgerüstet mit dicken roten Vitamin-Kapseln, die dreimal täglich zu schlucken mir höchst beschwerlich war. Mit dem Dezember begann die Ausarbeitung von XXXIII, getrösteten Mutes, da ja nichts Ernstes vorlag und mein Herz sich wieder einmal als kerngesund erwiesen hatte. Es traf sich nur schlecht, daß gerade jetzt, wo die am schwersten zu lösende Aufgabe mir täglich näher auf den Leib rückte: die überzeugende, die wirklichkeitsgenaue, Wirklichkeit wahrhaft vortäuschende Beschreibung von Leverkühns apokalyptischem Oratorium, die nicht anders als in einer Serie von drei Kapiteln zu bewerkstelligen war, da mir gleich feststand, daß ich die Analyse des schlimmen Endwerkes mit der Darstellung unheimlich verwandter Zeiterlebnisse des guten Serenus (den erzfaschistischen Unterhaltungen bei Kridwiß) verschränken wollte, – es traf sich schlecht, daß gerade jetzt dieser ewige Luftröhren- und Bronchialkatarrh mir so reduzierend, manchmal bis zur Hinfälligkeit, zusetzte. Es traf sich auch nicht sehr gut, daß persönlicher Einsatz bei mehreren öffentlichen Kundgebungen wiederholt unumgänglich war: in Royce Hall, Westwood, lieferte ich in Gegenwart von Delegierten des russischen Konsulats ein Arrangement des *Dostojewsky-Aufsatzes* als Vortrag, an dem zu meiner Freude der ebenfalls anwesende Klemperer besonderen Anteil nahm. Und bei einem Dinner des Independent Citizen Committee, zu dem die Professoren Shapley und Dykstra, Mrs. Douglas-Gahagen vom House of Representatives und Oberst Carlsson gehörten, hatte ich als Tischredner mitzuwirken. Den Höhepunkt des Abends bildete die Rede des liberalen (unterdessen als General verabschiedeten) Colonels, der mit imponierendem Mut den Mißbrauch unserer Truppen in China geißelte, wo sie nichts – und umso weniger etwas zu suchen hätten, als der einzige Teil des Landes, in dem einige Ordnung herrsche, der kommunistisch organisierte sei ... Wie anders nun wieder, und in ihrer Art interessant genug, die abendlichen Empfänge beim hohenzollernblütigen Grafen Ostheim, zu denen wir dann und wann geladen waren, – dem wegen Antimilitarismus und anderer disqualifizierender Gesinnungen frühzeitig ausgeschalteten Weimarischen Thronfolger, und seiner amerikanischen Frau. Man fand dort eine internationale Gesellschaft, kunterbunt und elegant, und hörte adelige weißrussische Emigranten behaupten, sie seien von Auslieferungsforderungen der Stalin-Regierung bedroht. Das mochte wahr sein, – obgleich mir zu glauben schwer fiel, daß man in Moskau diese Herrschaften als gefährlich betrachtete. Aber wie kamen sie nun eigentlich in den Salon des »Roten Prinzen«? Das mußte man verstehen. Das Exil schafft eine gemeinsame Daseinsform, und die Verschiedenartigkeit seiner Ursachen macht wenig Unterschied. Der Röte wegen oder von wegen des Gegenteils – Schicksalsgemeinschaft und Klassensolidarität sind entscheidender als solche Gesinnungsnuancen, und man findet einander.

»Am Kapitel weiter.« »Einiges am Kapitel.« »An XXXIII gegen

das Ende.« Den 27. Dezember: »Schloß XXXIII ab. – Vorlesung. – Vielleicht bin ich doch, aus Müdigkeit, gegen das Ganze zu kritisch. Las die Apokalypse, ergriffen von diesem Wort: ›Du hast eine kleine Kraft und hast mein Wort behalten und hast meinen Namen nicht verleugnet.‹«

XII

Schon Anfang Dezember hatte ich den Entschluß gefaßt und ausgeführt, Adorno alles bisher vom *Faustus* Geschriebene und in Maschinenabschrift Vorliegende zu übergeben, um ihm volle ideelle Einsicht zu bieten, ihn recht mit meinen Absichten bekannt zu machen und ihn dafür zu stimmen, mir beim musikalisch Bevorstehenden imaginativ zur Hand zu gehen. Gegen Ende des Jahres dann schrieb ich ihm, anstelle der Morgenarbeit, einen kommentierenden Brief von zehn Seiten, worin ich vor allem meine »bedenklich-unbedenklichen« Griffe in seine Musik-Philosophie so gut es ging entschuldigte: sie seien, schrieb ich, in dem Vertrauen geschehen, daß das Ergriffene, Abgelernte sehr wohl innerhalb der Komposition eine selbständige Funktion, ein symbolisches Eigenleben gewinnen könne und dabei an seinem ursprünglichen kritischen Ort unberührt bestehen bleibe. Ich setzte ihm ferner auseinander, wie sehr meine »initiierte Ignoranz« für das Bevorstehende der Versorgung mit fachlichen Exaktheiten bedürfe. »Der Roman«, schrieb ich, »ist so weit vorgetrieben, daß Leverkühn, fünfunddreißigjährig, unter einer ersten Welle euphorischer Inspiration, sein Hauptwerk, oder sein erstes Hauptwerk, die ›Apocalipsis cum figuris‹ nach den fünfzehn Blättern von Dürer oder auch direkt nach dem Text der Offenbarung in unheimlich kurzer Zeit komponiert. Hier will ein Werk (das ich mir als ein sehr ›deutsches‹ Produkt, als Oratorium, mit Orchester, Chören, Soli, einem Erzähler denke) mit einiger Suggestivkraft imaginiert, realisiert, gekennzeichnet sein, und ich schreibe diesen Brief eigentlich, um bei der Sache zu bleiben, an die ich mich noch nicht recht herantraue. Was ich brauche, sind ein paar charakterisierende, realisierende Einzel-Genauigkeiten (man kommt mit wenigen aus), die dem Leser ein plausibles, ja überzeugendes Bild geben. Wollen Sie mit mir darüber nachdenken, wie das Werk – ich meine Leverkühns Werk – ungefähr ins Werk zu setzen wäre; wie Sie es machen würden, wenn Sie im Pakt mit dem Teufel wären; mir ein oder das andere musikalische Merkmal zur Förderung der Illusion an die Hand geben? – Mir schwebt etwas Satanisch-Religiöses, Dämonisch-Frommes, zugleich streng Gebundenes und verbrecherisch Wirkendes, oft die Kunst Verhöhnendes vor, auch etwas aufs Primitiv-Elementare Zurückgehendes (die Kretzschmar-Beißel-Erinnerung), die Takteinteilung, ja die Tonordnung Aufgebendes (Posaunen-Glissandi); ferner etwas praktisch kaum Exekutierbares: alte Kirchentonarten, A-cappella-Chöre, die in untemperierter Stimmung gesungen werden müssen, so daß kaum ein Ton oder Intervall auf dem Klavier überhaupt vorkommt – etc. Aber ›etc.‹ ist leicht gesagt ...«

Dies, mit den Chören in untemperierter Stimmung, war eine närrisch fixe Idee von mir, an der ich lange hartnäckig festhielt, obgleich der Angerufene nichts davon wissen wollte. Ich war so verliebt in die Vorstellung, daß ich sogar hinter Adornos Rücken Schönberg darüber zu Rate zog, der mir antwortete: »Ich würde es nicht machen. Aber möglich ist es theoretisch durchaus.« Trotz dieser Ermächtigung von ganz Oben ließ ich den Gedanken schließlich fallen, wie auch das Aufgeben der Takteinteilung, die als Kulturerrungenschaft ironischerweise beibehalten wird. Desto stärker arbeitete ich dafür den Barbarismus des instrumentalen und vokalen Glissando heraus. –

Weihnachten, ein regnerisches, vorerst einmal wieder, – die kleine Familie aus San Francisco – Mill Valley traf dazu ein, und da es an Lametta fehlte für den Baum, waren wir am Vorabend geschäftig, eine Menge von angesammeltem Stanniol in schmale Streifen zu schneiden, damit die Bübchen sich freuten. »Wiedersehen mit Frido – beglückend.« Ich schrieb noch am XXXIII. Kapitel während der Festtage, in das ich Adrians sonderbar angelegentliche Betrachtungen über die Schönheit und Wahrheit des Meerweibes nachträglich interpolierte, und schloß es erst kurz vor Ende des Jahres ab. Es hatte siebenundzwanzig Tage gekostet. Adorno ließ mich wissen, daß er alles gelesen und Notizen zur Besprechung vorbereitet habe. – »Am Kapitel gebessert. Auf dem Spaziergang überwältigend müde und den Rest des Tages leidend und schläfrig, ohne schlafen zu können. Empfing Dr. Schiff. (Bisher hatte der Doktor Wolf geheißen, aber wiederholter Ärztewechsel ist bei Zuständen wie meinem typisch; es sollte auch noch Dr. Rosenthal, meines Bruders Arzt, an die Reihe kommen.) Er sprach den Luftröhren- und Nebenhöhlenkatarrh als vermutlich infektiös an und verordnete allerlei Linderndes, Lösendes, Stärkendes.« So das Tagebuch. Gut denn, ich war fieberfrei, war nicht krank, sondern nur halbkrank und hielt also an meinem Alltag fest, dem gewohnten Turnus von Arbeit, Lektüre, Marschieren gegen das Meer hinab, Briefdiktaten und handschriftlicher Korrespondenz. »Warum nur alle, die einwandern wollen oder einen ›job‹ suchen, sich an mich wenden!« Frage an das Schicksal. – Die Vorbereitungen zum dreigeteilten XXXIV. Kapitel begannen sogleich mit dem neuen Jahr 1946, dessen erster Tageseintrag dem *Faustus* als Ganzem galt, und zwar im Zusammenhang mit der Durchsicht von Max Osborns *Memoiren*, für die mich der Autor um ein Vorwort ersucht hatte. Ich las da von Menzel, Liebermann, Klinger, Lesser-Ury, Bode, dem Museumsgewaltigen.»Lauter Persönlichkeiten! Ich glaube, ich bin keine. Man wird sich an mich so wenig erinnern wie etwa an Proust.« Und plötzlich: »Wieviel enthält der *Faustus* von meiner Lebensstimmung! Ein radikales Bekenntnis im Grunde. Das war das Aufwühlende, von Anbeginn, an dem Buch.«

An einem der nächsten Nachmittage war ich bei Adorno. Er und seine Frau hatten das Manuskript gleichzeitig gelesen, hatten die Blätter einander aus der Hand genommen, und ich, der Zweifelnde, horchte begierig auf ihren Bericht über die Beteiligung, Spannung, Erregung, mit der sie es getan. Daß der Verfasser der *Philosophie der modernen Musik* durchaus gute Miene zu der Art machte, wie ich meinen werkfeindlichen Teufel mit etwelchen seiner zeitkritischen Aperçus »in die Kunst hatte hineinhofieren« lassen, wie Adrian es ausdrückt, erleichterte mein Gewissen. Mit ihm allein in seinem Arbeitszimmer konnte ich viel Gutes und Kluges von ihm hören über Größe und Schwierigkeit des Vorwurfs. Manches von dem Geschriebenen war ihm durch Vorlesungen bekannt, mehreres neu gewesen, und er ließ sich besonders aus über die »Humanität«, die aus dem Abschnitt über die dienenden Frauen, die »Erfahrung«, die aus Ines Roddes leidenschaftlichen Eröffnungen gegen Serenus, den »Guten«, keine Emotionen Weckenden, spreche. Er war nicht sehr eingenommen von dem Gedanken, der sich bei mir doch längst unwiderruflich befestigt hatte, das Oratorium auf Dürers apokalyptische Blätter zu gründen, und wir kamen überein, daß der innere Raum des Werkes möglichst ins allgemein Eschatologische erweitert werden, möglichst die ganze »apokalyptische Kultur« aufnehmen und als eine Art von Résumé aller Verkündigungen des Endes dargestellt werden müsse. Mit dergleichen Absichten war ich ohnedies umgegangen, denn die Anleihen, die Johannes von Patmos bei anderen Visionären und Ekstatikern gemacht, sind auffallend genug, und die Tatsache, daß es in dieser Sphäre eine uralte Konvention und Überlieferung gibt, die den Heimgesuchten fixe Gesichte und Erlebnisse zur Verfügung stellt; die psychologische Merkwürdigkeit, daß, wie es im Texte heißt, »einer nachfiebert, was andere vorgefiebert, und daß man unselbständig, anleiheweise und nach der Schablone verzückt ist«, schien mir höchst reizvoll und betonenswert, und ich sagte mir auch, warum. Es stimmte auf eine gewisse Art mit meiner eigenen und, wie ich herausbekommen hatte, gar nicht nur individuellen, wachsenden Neigung überein, alles Leben als Kulturprodukt und in Gestalt mythischer Klischees zu sehen und das Zitat der »selbständigen« Erfindung vorzuziehen. Der *Faustus* zeigt davon so manche Spur.

Zu den musikalischen Weisungen und Anregungen für Leverkühns Opus war Adorno an jenem Tage nicht bereit, versicherte aber, daß die Sache ihn angelegentlich beschäftige, daß er schon allerlei Ideen bei sich bewege und sie mir nächstens an die Hand geben werde. Wie er sein Wort hielt, zu übergehen würde diese Erinnerungen sehr unvollständig lassen. Wiederholt war ich in den folgenden Wochen mit Notizbuch und Stift bei ihm und nahm, bei einem guten, häuslich angesetzten Fruchtlikör, fliegend, in Stichworten, Verbesserungen und Präzisierungen für frühere musikalische Darstellungen und charakterisierende Einzelheiten auf, die er sich für das Oratorium zurechtgelegt hatte. Vollkommen vertraut mit den Absichten des Ganzen und denen dieses besonderen Stückes, zielte er mit seinen Anregungen und Vorschlägen genau auf das Wesentliche, nämlich: das Werk dem Vorwurf des blutigen Barbarismus sowohl wie dem des blutlosen Intellektualismus bloßzustellen.

Die Vorbereitungen zu dem so entscheidenden Abschnitt hatten, unter Dante-Lektüre, dem Studium der Apokryphen und allerlei sich gutwillig einfindender Schriften über antikchristliche Jenseitsvorstellungen und Apokalyptik, lange gedauert. Gegen Mitte Januar 46 begann ich ihn zu schreiben, und bis Anfang März, also für sechs Wochen, sollte er meine Kräfte in Anspruch nehmen, – was gar nicht viel ist, denn diese Kräfte schwankten mehr und mehr, und im Tagebuch mehren sich die trockenen Vermerke über Kopfschmerzen, Hustennächte, Nervenschwäche und »absurde« Müdigkeit. Wie manches war zudem immer zwischenein improvisierend zu leisten und da und dort beizutragen: Bei einem Meeting in »Defense of Academic Freedom« war zu sprechen, eine Radio-Ansprache zu Roosevelts Geburtstag zu diktieren, die Abfassung des *Berichts über meinen Bruder,* eine mir liebe und dokumentarisch wichtige Arbeit, fiel auch in diese Zeit. An wohltuenden Eindrücken, die matte Stimmung zu heben, fehlte es nicht. – Das Buch der Käte Hamburger in Göteborg, Schweden, über *Joseph und seine Brüder* erschien, der eindringliche Kommentar einer Philologin, bei dessen Lektüre ich nun freilich eine Art von Neid empfand auf jene Zeit heiter mythologischen Spieles, für welches das makabre Werk der Gegenwart so wenig, so gar keinen Raum bot. Ich schalt es unepisch, unhumoristisch, unerfreulich, künstlerisch glücklos. Und doch drang ein erstes Echo davon, drangen Stimmen frühester Leser des Unfertigen nun zu mir, tröstliche Stimmen und erschütternder in ihrer schriftlichen Befestigung, als aller mündlicher Zuspruch, der mir wohl auch schon zuteil geworden. Erich Kahler in Princeton hatte der Übersetzerin, Helen Lowe-Porter, das Maschinen-Manuskript, soviel sie davon hatte, stückweise entführt, und er, von dem eines Tages die großartige Analyse des Buches, genannt *Säkularisierung des Teufels,* kommen sollte, schrieb mir schon über das Fragment in Akzenten, die mich in natürlicher Proportion zu den Sorgen und Zweifeln beglückten, die das

Leidenswerk mir bereitete. Die getreue Dolmetscherin selbst, zurückhaltend sonst immer aus reiner Bescheidenheit mit Äußerungen über das ihr Aufgetragene, schrieb auch. »I strongly feel«, schrieb sie, »that in this book you will have given your utmost to the German people.«

Um was sonst wäre es uns jemals zu tun, als unser Äußerstes zu geben? Alle Kunst, die den Namen verdient, zeugt von diesem Willen zum Letzten, dieser Entschlossenheit an die Grenze zu gehen, trägt das Signum, die Wundmale des »utmost«. Dies war es, das Gefühl des Willens zum äußersten Abenteuer, was mich an Werfels utopischen Nachlaß-Roman *Der Stern der Ungeborenen* fesselte, den ich jetzt las. Der Übersetzer, Gustav Arlt, überließ mir das Maschinenmanuskript des Originals. Ein Kapitel daraus, die Gymnastenfahrt der chronosophischen Schulklasse in den interplanetaren Weltraum, hatte der Verstorbene als Geburtstagsgabe an mich für das Juni-Heft der »Neuen Rundschau« beigesteuert. Es schließt mit dem mystischen Paradoxon, daß eine Größe *an* Größe sich selbst übertreffen, die Energie eines Lichtgestirns größer sein kann als sie selbst, und daß dies die Situation des Wunders, des Liebesopfers, der Selbstzerstörung ist »durch Glorifikation«. Die moralische Poesie des Gedankens (wenn man es einen Gedanken nennen kann) hatte mich damals eigentümlich tief berührt, und Werfel hat mir gesagt, daß er seinetwegen dies Kapitel für mich ausgesucht habe. Etwas von seiner Transzendenz fand ich wieder in dem ganzen gleichsam schon nach dem Tode des Dichters, bei vernichtetem Herzen, geschriebenen, durchaus spiritistisch wirkenden Werk, dessen Kühnheit dem Leben nicht mehr recht angehört, und das man künstlerisch nicht glücklich nennen kann. Zeichnung, Rede, Seelenleben dieser Hunderttausende von Jahren nach uns auf der sowohl übervergeistigten wie übertechnisierten Erde lebenden Menschen haben etwas – ich wiederhole das Wort – spiritistisch Leeres und Hohles, und manche ganz unausdenkbaren Erfindungen zur Kennzeichnung dieses unendlich fernen Erdenlebens, zum Beispiel die Lichtreklame mit Sternen oder daß man sich zu einem Reiseziel nicht mehr hinbewege, sondern es durch ein Instrument, auf technisch-spirituellem Wege, heranholt, erinnern an Traumeinfälle, die während des Traumes sehr gut und brauchbar erscheinen, sich aber beim Erwachen als krauser Unsinn erweisen. Hier scheint es kein Erwachen zur Kritik mehr gegeben zu haben, und wäre nicht einige Komik mit untergebracht, wie die falsch-treuherzige Redeweise der Hunde, die immer »nit« statt »nicht« sagen, so läge die Gefahr gelangweilten Sich-abwendens vom nicht mehr Lebendigen nahe. Dennoch finden sich absolut großartige, absolut bannende Intuitionen in diesem übergewagten Erzählwerk des Todes, Inkommensurabilitäten, Neuigkeiten, Erzeugnisse einer schon abwegigen und eben darum genialischen Einbildungskraft. Die skurril-ängstigenden Szenen und Geschehnisse in der Unterwelt, im inneren Hohlraum der Erde mit ihrer dumpf-albtraumhaften Atmosphäre, sind als Phantasieleistung unübertroffen in aller Literatur, und das sonderlich Anziehende, Anregende und Bedeutende des Werkes für mich bestand gerade in seinen geheimen Beziehungen zur Weltliteratur, in der Tatsache, daß es auf seine ausschweifende Art eine Tradition fortführt, und zwar in seiner ausdrücklichen Eigenschaft als »Reiseroman«. Als solcher erinnert es und erinnert es sich an Defoe sowohl wie an Swift wie an Dante, an diesen am absichtlichsten, wenn auch nicht am glücklichsten, denn zum Unterschied von ihm, immerhin, hat es keine rechte Sprache. – Ich las das Buch zweimal, das zweite Mal »mit dem Bleistift« und ging mit dem Gedanken um, einen Vortrag darüber zu halten. Dazu ist es nicht gekommen.

Am 2. Februar konzertierte Hubermann in der Philharmonie von Los Angeles. Wir scheuten nicht die lange Fahrt und hörten von dem häßlichen kleinen Hexenmeister, der soviel von der Faszinationskraft des dämonischen Fiedlers besaß, Beethoven, Bach (eine Chaconne, bei der er eigentümliche Orgelwirkungen seiner Geige abgewann), eine liebenswerte Sonate von César Frank und zigeunerhafte Zugaben. Wir waren bei ihm im Gedränge des Künstlerzimmers nachher. Er jubelte, als er uns sah. Bekanntschaft und Sympathie waren alt und in München, Salzburg, Zürich, dem Haag (wo wir beim deutschen Botschafter zusammen wohnten) und New York immer erneuert worden. Am 5. war er bei uns zum Essen und lud uns in sein Landhaus über Vevey ein, wenn wir, wie geplant, nach Europa kämen. Er war tot, als wir die Schweiz wiedersahen. –

Ein anderer gedenkenswerter Besuch war der des kanadischen Meisterphotographen Karsh, desselben, der das berühmte Bildnis Churchills mit dem grimmig sinnenden Lächeln hergestellt hat. Dieser hatte ihm fünf Minuten gewährt, und er rühmte sich, ihm für diese Frist die Zigarre weggenommen zu haben. Bei mir mochte er gemächlicher vorgehen. Mit großem Apparat, der wiederholt Kurzschluß verursachte, arbeitete er beinahe zwei Stunden lang mit mir an einer Serie von Aufnahmen, von denen einige an glücklich abgefangener »Ähnlichkeit« und plastischer Lichtwirkung wirklich das Vollendeteste darstellen, was ich nicht nur von eigenen Bildern, sondern überhaupt je gesehen habe. Nur schade, daß ich gerade damals als Modell in so schlechter Form war und die sonst unvergleichlichen Portraits eine Bläßlichkeit der Züge und spitzige »Vergeistigung« zeigen, die wenig Authentisches hat.

Photographische Experimente eindringlicherer Art, Röntgen-Aufnahmen meiner Lunge, hatten einen »Schatten« irgendwo an diesem Organ zum Vorschein gebracht, von dem der Doktor meinte, daß man gut täte, ihn weiter zu beobachten. Vorderhand empfahl er die Behandlung von Nase und Rachen durch einen Spezialisten, Mantschik mit Namen, französierter Pole und von sehr geschickter Hand, der sein Bestes tat, Symptome zu mildern, deren sekundärer Charakter immer deutlicher wurde. Längst hatte ich, nur halb eingestandenermaßen, nachmittags und abends ein bißchen erhöhte Temperatur und hatte auch welche, als ich am Abend des Tages, an dem ich das Oratorium abgeschlossen, zusammen mit meinem Bruder einen Rezitationsabend besuchte, den Ernst Deutsch im Warner-Studio veranstaltete. Eine gleichartige Darbietung des bedeutenden Schauspielers und vorbildlichen Sprechers hatte ich schon versäumt und konnte gar nicht anders, als diesmal seiner herzlichen schriftlichen Einladung zu folgen. Zahlreiche Bekannte waren da, und ich genoß den Abend sehr, in dem etwas verfremdeten, zugleich matten und gehobenen Zustand, in den ein mäßiges Fieber versetzt. Spät kam ich zu Bette – und verließ es dann einige Tage nicht, da eine grippige Erkrankung, nachmittags immer 39° Fieber erzeugend, mich darin festhielt. Eine Tag und Nacht alle drei Stunden durchgeführte orale Penicillin-Kur schlug überhaupt nicht an. Besser half immer die Empirin-Kodein-Mischung. Ich schlief viel, auch am Tage, und las nicht wenig, hauptsächlich Nietzsche, denn der Vortrag über ihn schien nächstes Arbeitsprogramm. Es kamen dann Tage, die ich, zur Not genesen, aber bei fortbestehender Neigung zu Rückfällen in Über-Temperatur, teilweise außer Bett, im Bett nur vormittags, lesend und schlummernd, verbrachte. Eine Krise im Schoß der »United Nations« wegen Irans und des von Churchill angeregten englisch-amerikanischen Militärbündnisses, dazu das Rede-Duell zwischen ihm und Stalin spielten sich eben ab. Churchill sprach elegant und Stalin grob, ganz unrecht, fand ich, hatte keiner. Das findet man allermeist, und nur einmal im Leben, zu meiner Erbauung, habe ich's nicht so gefunden. Hitler hatte den großen Vorzug, eine Vereinfachung der Gefühle zu bewirken, das keinen Augenblick zweifelnde Nein, den klaren und tödlichen Haß. Die Jahre des Kampfes gegen ihn waren moralisch gute Zeit.

Ein Hin und Her von halber Genesung und Rückfällen in fiebrige Zustände folgte. Ich fuhr und ging etwas aus, aber es wollte nicht gut tun, und namentlich die sonst so geliebte Seebrise schadete mir. Zum Tee sah ich Gäste, aber meine Frau brachte dann wohl mit Kopfschütteln das oben liegengelassene Thermometer, das wieder mehr als 38 zeigte, und schickte mich zu Bette. Viel rekapitulierte ich Nietzsche, besonders die Schriften aus den frühen siebziger Jahren und *Nutzen und Nachteil der Historie* und machte Notizen. Den 75. Geburtstag meines Bruders begingen wir mit einer kleinen Abendgesellschaft, und ich erinnere mich an ein lebhaftes Gespräch mit ihm über den Gegenstand meines Vortrags. Auf seinen Wunsch übernahm damals Dr. Friedrich Rosenthal meine Behandlung. Er wandte Injektionen meines eigenen Blutes an, die nichts fruchteten, und versuchte es dann mit einer Empirin-Bellergal-Kur, um kein Fieber mehr aufkommen zu lassen. Unterdessen hatte er die letzten Röntgen-Aufnahmen der Lunge eingefordert, die ihm das klare Bild einer Infiltration am rechten Unterlappen ergaben. Er verlangte die Zuziehung eines Spezialisten, der, Amerikaner, den Befund durch Untersuchung bestätigte und die bronchoskopische Feststellung des Abszesses beantragte, auch schon die Notwendigkeit der Operation durchblicken ließ. Ich war mehr verwundert als erschrocken, denn nie hatte ich gedacht, daß mir von den Atmungsorganen her je irgendwelche Gefahr drohen werde, und die einhellige Versicherung der Ärzte ging denn auch dahin, daß es sich, um keinen tuberkulösen Prozeß handelte. »Vieles«, schrieb ich, »an meinem Befinden während der letzten Monate erklärt sich aus der Entdeckung. Unter wie schlechten Bedingungen habe ich gearbeitet! Andererseits ist sicher der schreckliche Roman zusammen mit den deutschen Ärgernissen an der durch die Grippe aktivierten Erkrankung schuld. – Aufschub der Vortragsreihe bis Oktober beschlossene Sache.«

Und das Tagebuch bricht ab.

XIII

Der energische Fortgang der Dinge, wie sie sich nun, und zwar glücklich, entwickelten, ist allein meiner Frau zu danken, die von uns allen als einzige wußte, was sie wollte, und das Notwendige einleitete. Rosenthal war im Grunde, meines Alters wegen, gegen die Operation, ja auch, um der Schonung willen, gegen die Bronchoskopie, von der der amerikanische Doktor gleichmütig gemeint hatte, in acht Tagen werde ich mich davon erholt haben. Sein behandelnder Kollege war aus lauter Menschlichkeit nicht ungeneigt, es auf die Resorption des Abszesses durch einen im Ganzen ja gutwilligen Organismus, ohne Eingriff, ankommen zu lassen, und für diesen Weg schien der Erfolg einer Penicillin-Injektionskur zu sprechen, die von einer nun eingestellten Pflegerin achtmal in vierundzwanzig Stunden durchgeführt wurde. Die Droge beseitigte das Fieber vollkommen, und ich habe während der ganzen Affäre nie wieder welches gehabt. Dennoch wußten wir alle, daß mit der Methode des Zuwartens das nicht geringe Risiko größter Ungelegenheiten verbunden blieb, und während der Doktor zögerte und ich selbst es am bequemsten fand, über mich bestimmen zu lassen, hatte meine Frau ihre Entschlüsse gefaßt. Sie hatte sich mit unserer Tochter Borgese in Chicago, diese sich mit der Universitätsklinik, »Billings Hospital«, in Verbindung gesetzt, an der einer der ersten Chirurgen Amerikas, Dr. Adams, wirkt, als Pneumotom von besonderem Ansehen. Rasch war dort alles geordnet, hier für Eisenbahn-Reservation und Ambulanz-Transport zum Bahnhof gesorgt, und ehe ich mich's versah, fand ich mich vorm Hause, unter den bekümmerten Blicken unseres japanischen »couples«, Vattaru und Koto, auf der Bahre ausgestreckt, die in den weich und schnell gehenden Krankenwagen geschoben wurde.

Unter so neuartigen Umständen ging es nach Union-Station und, mit dem Vorrecht direkten Zuganges zum Zuge, vor unseren »bed-room«, auf dessen Lager ich im Schlafrock, mit meiner Frau als recht unbequem untergebrachter Beisitzerin, die nächsten sechsunddreißig Stunden verbrachte. Elisabeth erwartete uns in Chicago, und wieder stand dort eine Ambulanz bereit, deren Rollbahre mich bald, von Lifts gehoben, durch die weitläufigen Korridore von »Billings Hospital« und in das bereitgestellte, von dem guten Kind schon mit Blumen geschmückte Zimmer führte. Wie lebhaft steht mir, der ich nie die Lebensordnung eines großen Krankenhauses erfahren, mit Chirurgie nie zu tun gehabt hatte, diese ganze Ankunft und Installierung vor Augen: die Bekanntschaft mit den durch die nicht bis zum Boden reichende Pendeltür hin und her schwebenden, messenden, injizierenden und alle Augenblicke kalmierende Tabletten verabfolgenden Pflegerinnen; die fast sofort erfolgende Begrüßungsvisite der behandelnden Ärzte in corpore, an der Spitze der Operateur Dr. Adams selbst, ein Mann von schlichter Liebenswürdigkeit und Herzensgüte, ohne eine Spur der Tyrannenallüren des Anstaltsgewaltigen deutschen Stils, vor dem Assistenten und Schwestern zittern; sodann sein »Medical Advisor«, der Internist und Universitätsordinarius, Professor Bloch, hochgewachsen, brünett, aus Fürth bei Nürnberg gebürtig, wie er mir bald auf deutsch vertraute; ein Dr. Philipps dazu, Lungenspezialist, scherz- und plauderhaft von Natur, ein erst vierundzwanzigjähriger Dr. Carlson, nordischer Herkunft und bildhübsch, »Intern« dieses großen Hauses schon seiner ausgezeichneten Intelligenz und manuellen Geschicklichkeit wegen, – und weitere weißbekittelte Entourage. Es waren angenehme persönliche Eindrücke für den Anfang. Die erste Allgemeinuntersuchung nachher nahm Professor Bloch, mit Autorität eintretend, dem Assistenten aus der Hand, der schon damit begonnen hatte. Sein Verhör über die Vorgeschichte der Krankheit war freundschaftlich und genau. Sie wurde übrigens in stundenlanger Arbeit, nach dem Diktat meiner Frau, von jüngeren Herren zu Protokoll gebracht. Formell war der Entschluß zum operativen Eingriff noch nicht gefaßt, sondern abhängig vom Ergebnis der Bronchoskopie, das aber so ziemlich feststand.

Die Prozedur bildete eines der markanten Vorkommnisse der nächsten zehn Tage, die mich mit meinem ingeniös konstruierten, am Kopf- und Fußende in beliebige Höhe zu kurbelnden Hospitalbett und überhaupt mit der Lebensform des Patienten vertraut machten, mit dem Anstaltstage, der früh begann und früh endete. Auf einem »stretcher« ausgestreckt und in den Elevator geschoben, gelangte ich in untere Räumlichkeiten, wo eine größere Anzahl entweder direkt an dem Erkundungsakt beteiligter oder des Zuschauens wegen gekommener Hausverwandten, darunter Freund Bloch, versammelt war. Die Schonung, mit der man vorging, war überraschend, höchst dankenswert und in ihren Mitteln zauberhaft. Eine anästhetisierende Pinselung des Rachens machte den Anfang. Dann, während mein Kopf im Schoß eines Assistenten lag (der ihn später wohl rasch emporzuheben hatte), bekam ich von einer weißbeschürzten Frauensperson energisch-tätigen Typs eine Injektion in die linke Armbeuge, nebst dem Bedeuten, daß ich nun sehr bald schläfrig werden würde. Schläfrig? Ich hatte nach dem Empfange kaum noch zwei Worte gesprochen, als mein Bewußtsein so sanft wie restlos entschwand und ich – wohl nur für kurze Frist, fünf oder sechs Minuten – tief ungewahr jedes Dinges war, das mit mir geschah. Was geschah, muß wachen Geistes recht peinlich hinzunehmen sein – der kalifornische Consiliarius hatte ja gesagt, daß ich mich binnen einer Woche ganz gut davon erholt haben würde. Hier war Erholung nicht not, denn es gab keine Strapaze. Ich erwachte, schon wieder in meinem Zimmer, davon, daß der gute Dr. Adams, der mich hinaufbegleitet, mir mildtätig die Nase schneuzte. Denn die Einführung des mit einem elektrischen Lämpchen versehenen Apparats durch die Luftröhre in die Lunge (wobei eine Art von periskopischer Vorrichtung erlaubt, sich genau über die Verhältnisse dort unten aufzuklären) bewirkt natürlich eine schleimige, leicht blutige, Reizung des ganzen Atmungstraktes, und man braucht nach der Rückkehr in sein Bett einige Papierservietten, was aber auch von Unannehmlichkeit alles ist. Ich war entzückt und sprach tagelang zur Erheiterung namentlich der jungen Mediziner, mit Bewunderung, Preis und Dank von der magischen Spritze.

Das noch nicht lange gebräuchliche Mittel heißt, wenn ich nicht irre, Pentathol, aber nie erfuhr ich an Ort und Stelle den Namen. Es gehört zu den wunderlichen Gesetzen und Schweigegeboten dieser Stätten, daß man nie erfährt, worin die Anwendungen bestehen, die einem geboten werden, und sehr bald lernt man, neugierige Erkundigungen danach als taktlos zu empfinden. Die Schwestern verweigern jede Auskunft über das Ergebnis der Temperaturmessungen. Nie würden sie verraten, woraus die weißen Plätzchen bestehen, die sie alle paar Stunden mit einem Glase Wasser servieren, noch würde ein Arzt Namen und Natur eines verordneten Medikamentes verraten. Ich erinnere mich, wie ich mir während der Rekonvaleszenz mit gebackenem Fisch ein wenig den Magen verdorben hatte und noch spät abends den gerade diensthabenden »Intern« hereinbitten ließ, um ihm meine Beschwerden zu klagen. Am besten, sagte ich, helfe mir in solchem Fall immer ein halber Teelöffel Natron bicarbonicum. Er überhörte das. Er erkundigte sich noch längere Zeit nach den Verstimmungssymptomen und ihrer möglichen Ursache. Schließlich sagte er: »Well, don't worry, we will give you a little something which will be helpful.« Die Schwester brachte das »little something« in einer Tasse. Es war Natron.

Die Operation war nun endgültig beschlossene Sache, und die nächsten fünf, sechs Tage galten, in Abwesenheit des Dr. Adams, der zu irgendeinem Ärztetreffen gereist war, den erdenklichen Vorbereitungen und Sicherstellungen. Blutentnahmen, Ausflüge im Rollstuhl oder auf dem »stretcher« ins x-ray-Laboratorium, Besuche der verschiedenen Spezialisten des Hauses folgten einander. Besonders der für das Herz, ein Engländer, wenn ich mich recht erinnere, war hochbefriedigt. Mit dem Herzen, erklärte er, sei ich jeder Operation gewachsen. Eine sehr wichtige Persönlichkeit sprach vor: Dr. Livingstone, Gattin meines Operateurs und Vorsteherin aller Anästhesie, zauberische Mischerin tiefschlafbringender Fluiden. Sie mußte mir versprechen, die bewunderte Armspritze bei der Hauptoperation wieder ihren Segen wirken zu lassen. – Die Herstellung des Pneumothorax, will sagen des Einlassens von Stickstoff in die Brusthöhle zur Stillegung des erkrankten Lungenflügels, kam auch an die Reihe, und es war doch merkwürdig, eine Applikation, die ich in vergangenen Arbeitstagen, zur Zeit des *Zauberbergs,* soviel im Munde geführt, am eigenen Leib zu erfahren. Professor Bloch nahm sie mit größter Akkuratesse und Geschicklichkeit vor, und der kleine Carlson sah lernbegierig zu. Das Ganze war kaum eine Unannehmlichkeit zu nennen, aber Bloch lobte mich sehr für mein kooperatives Verhalten, und als ich mich darüber wunderte, sagte er: »Wenn Sie wüßten, wie die Leute sich oft dabei anstellen!«

Unterdessen war Erika, auf die Nachricht von dem, was vorging, aus Nürnberg durch die Lüfte zu uns gestoßen, an die Seite ihrer Mutter, die bei Borgeses wohnte und die Mehrzahl der Tagesstunden an meiner Bettseite verbrachte. Nichts konnte uns beiden tröstlich willkommener sein, als die Anwesenheit des lebens- und liebevollen, stets heiteren Auftrieb bringenden Kindes. Sie ließ es sich angelegen sein, die Blumen zu warten und auszutauschen, mit denen mein Zimmer sich gefüllt hatte, – Vorschußlorbeeren, gespendet vor der Schlacht, aber eine Augenweide, auf die ich so stolz und erpicht war wie jeder Kurbelbetthabitant, – »just another patient«, wie eine der Pflegeschwestern mich neugierig nachfragenden Bekannten beschrieben hatte. Fieberfrei und ohne Schmerzen, war ich eben nur sehr schwach, so daß schon das Rasieren eine übergroße Anstrengung bedeutete und also die Bluttransfusion, die ich einen Tag oder zwei vor der Operation empfing, doch wohl nicht ganz überflüssig war. Zwei junge Praktikanten verabfolgten sie nach der Routine, und während die Blutkonserve langsam in meine Gefäße tropfte, unterhielt ich die Herren mit der Lektüre einer der erstaunlichen Neuigkeitsfabrikate, die Erika aus aufgeklebten Zeitungslettern und -worten herzustellen pflegte, eines »4-Power Showdown Triumph Bulletin 1946, released after Wild Ride for Germany« mit solchen erregenden »headlines« wie: »Truman sniffs at U.S. Policy«, »Eisenhower May Be Arrested on Spy Charge«, »Germany Demands Dismissal of U.S. Government. Explains Why«, »Russia Asked to Neglect Red Defense«, »Truman Hopes to Lure Stalin to Missouri, Pepper Says«, »Foreign Born Babies by War, Navy

Leaders Pose Problem – Ike Will Recognize Quintuplets – Bradley Favors Murder« etc. etc. ... Es herrschte also eine nicht ganz schickliche Heiterkeit während des Aktes, aber mir lag daran, die jungen Leute lachen zu sehen, um selbst besser über das leicht Grausige der Sache hinwegzukommen.

Dann war Adams zurück und erklärte, wenn ich nichts dagegen hätte, könnten wir »go ahead«. Morgen früh also. Meine Frau ließ es sich, ein wenig gegen die Hausordnung, nicht nehmen, die Nacht in dem recht unbequemen Lehnstuhl neben meinem Bett zu verbringen, während ich den Schlaf vollkommener Gemütsruhe schlief. Dennoch hatte ich noch nachmittags Dr. Bloch gefragt, wie »Lampenfieber« auf englisch heiße. »Stage fright«, hatte er geantwortet. Punkt 7 Uhr, wie immer, wurde Tag und Toilette gemacht. Ich empfing meine »Hypo« (vertrauliche Abkürzung für hypodermic injection; es war Morphium, natürlich, aber wer hätte zu fragen gewagt), und dann winkte ich von dem »stretcher«, der mich entführte, der zurückbleibenden Getreuen den Abschiedsgruß. Nie vergesse ich die sanfte Stimmung in dem halb dunklen Vorraum des Operationssaals, wo ich auf meiner Bahre eine Weile zu warten hatte. Es bewegten sich Leute um mich her, aber sie gingen auf Zehenspitzen, und wer zu kurzer Begrüßung an mich herantrat, tat es mit äußerster Zartheit. Bloch steckte den Kopf durch die Tür und nickte mir zu: »No stage fright today«, ließ ich ihn wissen, aber er ging auf meinen Humor nicht ein. Professor Adams wünschte Guten Morgen und kündigte mir an, daß ich außer der geliebten Armspritze auch noch etwas einzuatmen bekommen würde, »a little something«. Ich war gerührt von seiner Gewissenhaftigkeit. »Wohl kenn' ich Irlands Königin«, zitierte ich bei mir und meinte die Livingstone. Die ließ sich denn auch bald bei mir nieder, machte sich zunächst an meinem Arm zu schaffen (vielleicht markierte sie nur; denn was liegt an einem bißchen Pentathol, wenn lange Arbeit bevorsteht) und setzte mir dann mit leichter Hand die mit edlen Stoffen getränkte Maske auf. Hinweg. Es war die friedlich-unbeängstigende und geschwindeste Narkose, die sich denken läßt. Ich glaube, ein einziger Atemzug genügte, mich in die gründlichste Abwesenheit zu versetzen, – der freilich gewiß während der nächsten anderthalb oder zwei Stunden mit öfterem Geträufel nachzuhelfen war. Ich hatte, soviel ich weiß, nicht teil daran, aber nach allem, was ich später darüber hörte, waren es begünstigte Stunden. Es war ein schöner Morgen, alle hatten so trefflich geschlafen, alle waren in frischer Lust und Laune tätig, voran Dr. Adams, der mit gewohnter, im Tempo genau gemessener, nie sich übereilender, aber durch die Exaktheit des Einzelgriffes dennoch zeitsparender Meisterschaft arbeitete. Zu Hilfe kam ihm eine geduldige Natur mit immer noch solidem Hintergrund (ich brauchte nur eine Bluttransfusion noch während der Handlung, da andere, und jüngere, zwei oder drei benötigen) und vereinigte sich mit entwickeltstem ärztlichen Können zu einem fast sensationellen klinischen Erfolg. Tagelang nachher soll in medizinischen Kreisen New Yorks und Chicagos von der »most elegant operation« die Rede gewesen sein.

Meine Frau, Erika und Medi verbrachten die Stunden vertrauensvoller Spannung in Dr. Blochs »office«. Von Zeit zu Zeit kam er, ihnen Bericht zu erstatten. »Es geht gut, es geht sehr gut«, sagte er, und seine Hand war kalt. Dann hatte meine Frau mich im Zimmer erwartet, wo ich, längst wieder in meinem Bett, vorübergehend erwachte. Noch stark benommen sprach ich gegen alle Gewohnheit englisch zu ihr, und sonderbar! ich führte Klage. »It was much worse than I thought«, sagte ich. »I suffered *too* much!« Noch heute denke ich nach über den Sinn dieses Unsinns. Wovon redete ich? Ich hatte von allem ja nichts gespürt. Gibt es irgendwelche Tiefen des Vitalen, in denen man, bei völlig ausgeschaltetem Sensorium, dennoch leidet? Ist Leiden vom Erleiden im Untersten nicht vollkommen zu trennen? Dies könnte sich sogar auf den »toten« Organismus beziehen, von dem niemand weiß, wie tot er vor seiner wirklichen Auflösung ist; es könnte, wenn auch als mißtrauische Frage nur, ein Argument gegen die Feuerbestattung bilden. Um englisch zu sprechen: »It may hurt«. –

Die Nachwirkungen der Narkose waren geringfügig, sie störten mich kaum im Weiter- und Weiterschlafen. Etwas warmes Wasser, auch kaltes zur Abwechslung, bekam ich durch eine Glasröhre zu trinken. Der Flüssigkeitsverlust bei solchem Eingriff ist bedeutend. Um sieben Uhr fragte ich den kontrollierenden Arzt nach der Zeit. Er nannte sie mir. »Sie sind früh auf«, wunderte ich mich. »Nicht ganz so«, erwiderte er. »Es ist noch derselbe Tag.« Ich schlief schon wieder. Ich glaube, es war noch in dieser Nacht, oder morgens früh, daß ich Orangensaft durch die Glasröhre bekam. Nie im Leben hat mir etwas so köstlich geschmeckt. Es war ein wirkliches Entzücken. Offenbar wurden Durst und Hunger durch diese Darreichung gleichermaßen befriedigt, und es ist unglaublich, wie das unbewußte Bedürfnis des Körpers die Empfänglichkeit der Geschmacksnerven bis zur Wonne verstärkt. Mit ähnlicher Genußfähigkeit sollen diese auf irgend welche Süßigkeit, ein gewöhnliches Praliné, nach der Anwendung von Insulin reagieren. – Ich hatte nun Privatpflegerinnen, ihrer drei, die in einem Tag- und Nacht-Turnus von je acht Stunden einander ablösten. Ihre Hauptobliegenheit war, außer den dreistündigen, Infektion verhindernden Penicillin-Gaben, der Beistand bei dem sehr mühsamen Umwenden im Bett, das immer wieder gefordert ist; denn Bewegung, Wechsel der Lage, bald so, bald so, ohne Bevorzugung der unverwundeten Seite, das gehört heutzutag zur Behandlungstechnik, und schon am zweiten Tag nötigte der junge Carlson mich, allerdings unter seiner zum Auffangen bereiten Hut, ein paar Minuten neben meinem Lager frei auf den Füßen zu stehen. Das ging ganz gut, und nur mit der Rückkehr über den Schemel in das ziemlich hohe Bett hatte es seine Schwierigkeiten.

Die Schwester der Nachtstunden, von 11 bis 7, hieß June Colman, eine denkwürdig angenehme Person. Es ist fast unvermeidlich, daß die Gefühle des Patienten, sei er auch alt, vernäht und schwer umdrehbar, für den Engel seiner Nächte, ist dieser nur leidlich lieblich – und June war entschieden hübsch – eine gewisse zarte Erwärmung erfahren. Auch hierin war ich »just another patient«. Wenn ich um 1 oder 2 nicht mehr schlafen konnte und sie mir, mit einer Tasse Tee, die zweite Seconal-Kapsel brachte (»die rote Kapsel« hieß das vortreffliche, in Europa merkwürdigerweise unerhältliche Mittel natürlich nur), so erkundigte ich mich wohl nach ihrem Heim, ihrer Ausbildung, ihren Umständen. Sie war verlobt, oder verlobt gewesen, denn der Bräutigam hatte sich, wie sie achselzuckend berichtete, unsichtbar gemacht, war abgefallen. Warum denn nur? Ob sie etwa vermutete, daß er es mit einer anderen hielt? »Ich würde mich nicht wundern«, erwiderte sie. »Aber ich«, sagte ich, »ich würde mich höchlichst wundern über den Dummkopf!« So weit ging ich, und sie lächelte herzlich. Sie verfügte auch über ein sehr lieb zuredendes Lächeln, wenn ich nachts, verdrießlich und störrig im Lehnstuhl kauernd, nicht mehr schlafen, nicht ins Bett zurückkehren wollte. Hatte sie mich dann begütigt und mir das stützende Kissen in den Rücken gestopft und den Lichtsignal-Druckknopf mit einer Sicherheitsnadel an meiner Decke befestigt, so beurlaubte sie sich für eine halbe Stunde zum Kaffeekränzchen der Nachtschwestern mit den Worten: »Now I am going to have my coffee«, wobei das »my coffee« immer mit einer genießerischen Zärtlichkeit herauskam, an die zu denken mir noch heute Vergnügen macht.

So klassisch und jedes Zwischenfalls bar die Operation verlaufen war, so ereignislos, im klinischen Sinn, hurtig und ungestört ging es mit der Wiederherstellung voran. Ein Dreißigjähriger, versicherten die Ärzte, hätte sich nicht entgegenkommender verhalten können. Ich galt als eine Art »prize patient«. Der Chok, den jeder Eingriff dieser Art für den Gesamtorganismus, das Nervensystem bedeutet, war mir wohl fühlbar. Auch war eine Schwäche der Brust zurückgeblieben, die, bei großer Neigung zu falschem Schlucken, das Räuspern und Aushusten ängstlich erschwerte. Obligate Verwachsungsschmerzen im Rücken wurden mit Kodein bekämpft, und die Veränderungen, die in meinem Innern, unter Entfernung der siebenten Rippe, vorgenommen worden, eine Höherlagerung des Zwerchfells und dergleichen, schufen nach vorschneller Bewegung wohl einige Atembedrängnis. Aber der Sauerstoff-Apparat, der eine Weile neben meinem Bett gestanden, verschwand sehr bald, und der meterlange Einschnitt heilte vortrefflich, so daß der hübsche Carlson (hübsche Menschen sind eine Freude, ob männlich oder weiblich) nach ein paar Wochen die Fäden entfernen konnte – mit einer Geschicklichkeit, die jede erwartete Unannehmlichkeit hintanhielt. Er war von der High School, deren Bildungsziele nichts Überspanntes haben, ohne Collegebesuch sogleich auf die Medical School gekommen, wo er übrigens als Marine-Aspirant seine Ausbildung gratis erhalten hatte, und wußte offenkundig in aller Welt von nichts etwas als von Chirurgie, für die er ebenso offenkundig geboren und in der er glücklich war. Noch sehe ich ihn in Gummihemd und Schürze eine Schubbahre auf Gummirädern mit einer lakenverhüllten Gestalt darauf in jungenhaftem Trab durch die Korridore von »Billings Hospital« vor sich her treiben, – ein vergnügt einseitiges, gut anzuschauendes und tüchtiges Stück Leben.

Früh morgens, wenn June mich nach der Kunst im Liegen gewaschen und mir dann, bevor sie ging, eine Tasse Kaffee gebracht hatte (denn das Frühstück kam erst um 9 Uhr), setzte ich mich in meinem Schlafrock ans Fenster, betrachtete das Kommen und Gehen am großen Portal, sah nach den Fortschritten der sich begrünenden Bäume des Hofs und las unter Anstreichungen in Nietzsches Schriften, denn immer noch schwebte die schuldige »lecture« über ihn mir als nächstes Agendum vor. Dann trat wohl Dr. Phemister, Vorsitzender der American Association of Surgeons und Chefarzt der Universitätsklinik, bester Typ amerikanischen Gelehrtentums, bei mir ein, erkundigte sich nach meiner Beschäftigung, blätterte in meiner Naumann'schen Nietzsche-Ausgabe und hinterließ einen oder den anderen medizingeschichtlichen Artikel, der seinen Verfassernamen trug. Adams und sein Gefolge kamen auf ihrem Rundgang zur Morgenvisite; es kam meine Frau, die Töchter kamen, und von auswärts fand mancher Besuch im Lauf des Tages, im Lauf der Tage sich ein: Bermann und Gumpert sprachen vor, Bruno Walter, der eben in Chicago konzertierte, saß an meinem Bett, Caroline Newton hatte gleichfalls die Fahrt von New York nicht gescheut und brachte Geschenke: ein Teegeschirr für den Nachmittag, eine Decke aus feiner Wolle. Alfred Knopf schickte Kaviar. Und an Blumen fehlte es nie. Drohten sie einmal auszugehen, so trat Erika mit frischen Rosen herein. In kritischer Lebenslage umgeben von so viel Liebe, Teilnahme, Fürsorge, fragt man sich, womit man sie verdient hat – und tut es ziemlich vergebens. War je einer, dem der Kobold des Hervorbringens im Nacken saß, so ein vom Jahr- und Tag-Werk immer Versorgter, Besessener, Präokkupierter –

ein erfreulicher Mitmensch? Dubito. Und ich bezweifle es für mich persönlich noch ganz besonders. Wie ist es? Kann das Bewußtsein einer auf Konzentrationszerstreutheit beruhenden Unmenschlichkeit, kann etwa die Tönung der Existenz durch dieses Schuldbewußtsein selbst für mangelnde Leistungen aufkommen und versöhnend, ja Zuneigung gewinnend wirken? – Eine »Spekulation«, verrucht genug, um sie Adrian Leverkühn zuzuschreiben.

Der Roman – ich trug ihn in all diesen fremdartigen, abenteuerreichen Wochen fest im Herzen, stellte im Geist eine Liste notwendiger Verbesserungen an dem Geschriebenen her und dachte vorwärts. Mein Wohlverhalten als Patient, die meinem Alter kaum zustehende Behendigkeit im Genesen, die ich zeigte, dies ganze Bestehenwollen und glatte Bestehen einer späten und unerwarteten Belastungsprobe meiner Natur, – hatte es nicht alles ein heimliches Wozu?, stand es nicht in dessen Dienst, und brachte ich es nicht aus dem Unbewußten auf, um hinzugehen und *dies* fertig zu machen? Dabei war der Gedanke an das Werk wie eine offene Wunde, die nur, und sei es in liebevollster Absicht, berührt zu werden brauchte, um mich in meiner Schwäche auf unvorhersehbare Weise zu erschüttern. Meine Frau und Erika hatten in dem mitgeführten Maschinenmanuskript gelesen, und während ich im Schlafrock appetitlos vor meinem schmalen Eßtischchen saß, sprach mir Erika von ihrem Eindruck durch einzelnes, nur von den ersten Besuchen der Freunde bei Adrian im Dorf, Spenglers, Jeanette Scheurls, Schwerdtfegers, von dem Kunstpfeifen Rudis, und wie vorzüglich sie das alles finde. Sofort war ich in Tränen, – deren nichts als freudevollen Sinn ich dem Kinde klarzumachen hatte, da sie sich heftig wegen ihrer Unvorsichtigkeit schalt.

Vollständige Appetitlosigkeit war das einzige, worüber ich

mich bei den immer gegenstandsloser werdenden Visiten der Ärzte noch zu beklagen hatte. Zum guten Teil war sie den ewigen, bis gegen das Ende des Aufenthalts fortgesetzten Penicillin-Gaben zuzuschreiben, diesem sicher preiswürdigen Schutzmittel, das aber auf die Dauer wie Harpyenunrat die Speise schändet und, da die ganze Welt schließlich nach Penicillin riecht und schmeckt, größte Unlust zum Essen erzeugt. Eine gewisse kritische Heikligkeit der Sinne ist aber an und für sich diesem zarten Zustand eigen, der sich für vieles zu fein findet, was einem gröberen Dasein ansteht. Das zeigte sich in meiner mich selbst befremdenden Ablehnung geistiger Getränke. Der edelste Südwein, den Medi Borgese mir gleich ins Zimmer gestellt, war unannehmbar oder mundete doch nicht im geringsten. Selbst für das leichte amerikanische Bier fand ich mich zu gut. Was ich dagegen in Mengen, zu jeder Mahlzeit, trank, war Coca Cola, – dies populäre, aber freilich auch von Kindern bevorzugte Gebräu, an dem ich weder vorher noch nachher je Geschmack gefunden habe, das nun aber plötzlich mein ein und alles war.

Die Wiederkehr der Kräfte, ja der freien Bewegungsmöglichkeit wurde durch diese Launen und Verweigerungen des Organismus nicht aufgehalten. Wie schwer überwindlich schien erstmals die kurze Strecke von meiner Zimmertür rechtshin zu dem Gesellschaftsraum am Ende des Korridors! Bald legte ich am Arm meiner Frau oder der Nachmittagsschwester ein Vielfaches dieser Entfernung zurück auf den weit herumführenden Gängen des Stockwerks, wo immer aus den Lautsprechern die Namen irgendwo angeforderter Ärzte klangen. Es kam der Tag, an dem ich zum erstenmal wieder den Straßenanzug anlegte und im Rollstuhl vor das Gebäude hinaus in die sich erwärmende Frühlingsluft befördert, auch etwas ausstieg, um eine mäßige Promenade in Front des Hauses zu halten, die

Decke über den Knien auf einer Bank zu verweilen. Ich las viel während der langen Liegestunden. Anfangs war es die englische Ausgabe des gescheiten und vielgelobten Buches unseres Golo über Friedrich Gentz gewesen, die mich beschäftigte. Später liehen Borgeses mir die vier Bände des *Grünen Heinrich*, der mir sonderbarer-, ja skandalöserweise bis zur Stunde so gut wie unbekannt geblieben war. Ich kannte Kellers Korrespondenz mit dem Verleger Vieweg, der einen »Roman« in Auftrag gegeben hat und nun fragt, drängt, ein solches Nicht-fertig-werden-können schlechthin nicht begreift, es für Trägheit hält und Betrug, schließlich in allem Ernst die Geduld verliert, während der junge Autor, dem etwas Einmaliges, aus aller Gewöhnlichkeit Fallendes, ein nur in Jahren auszuschöpfendes Werk eigenwilliger Größe unter den Händen wächst, sich entschuldigt, sich zu erklären sucht, keinen Termin halten kann und immer wieder um Zeit einkommen muß. Der hochkomische Konflikt hatte mir sehr gefallen, und doch hatte ich mich nie bemüßigt gefühlt, mit einem in so großer Tradition stehenden, meiner Sphäre so verwandten Werk eine mehr als oberflächlich versuchende Bekanntschaft zu machen. Hing es damit zusammen, daß meine Jugend sich viel mehr an »europäischer«, russischer, französischer, skandinavischer, englischer Literatur gebildet hatte als an deutscher, so daß ja auch die Begegnung mit Stifter sich erstaunlich lange verzögert hatte? Ich glaube, ich kannte von Kellers epischer Autobiographie nichts als eine oder die andere Jugend-Episode, nichts als Meierlein und seine »knappen Zifferchen«. Nun las ich mit wohligster Anteilnahme, mit immer wachsender Bewunderung für den reinlich ausgebreiteten Lebensreichtum des Buches, die köstliche Akkuratesse seiner aufs selbständigste an Goethe gebildeten Sprache, – mit Bewunderung, obgleich doch an der Ich-Figur der Erzählung, dem Grünen Heinrich eben, so wenig zu bewundern ist wie – gesetzmäßig offenbar – an den Helden anderer Erziehungs- oder Bildungsromane und der Name, den Goethe seinem Wilhelm einmal gibt: »Ein armer Hund«, noch besser auf ihn paßt, als auf diesen.

»You are still reading? You don't sleep? Shame on you!« Es war June, die das sagte, wenn sie um 11 Uhr eintretend, noch Licht bei mir fand. Es wurde gelöscht, nur der bläuliche Schein des Nachtlämpchens blieb übrig, die seitliche Ruhelage war eingenommen und durchs Kissen befestigt, und der Nachtengel setzte sich zur Bewachung in den Stuhl, der am Tage auch mir nun so oft schon diente. Aber ich war dieses Daseins müde, durfte seiner müde sein, und in solcher Nacht entwarf ich den erregenden Plan, nicht volle sechs Wochen nach der Operation hier auszuharren, einen Übergangszustand zu schaffen und für die letzten Tage vor unserer Abreise ins Hotel, das vertraute Hotel Windermere nahe dem See, zu ziehen. Dr. Bloch wurde zitiert und befragt; er stimmte zu. Rasch waren die Vorbereitungen getroffen, es reihten sich herzliche Verabschiedungen, Bücher-Inskriptionen, Geschenke an die Pflegerinnen; und eine Presse-Konferenz war rasch noch angesetzt: eine Anzahl Journalisten hatten sich in einem unteren Gesellschaftsraum und Rauchzimmer versammelt, und an Erikas Arm, zum Reden noch keineswegs recht tüchtig, trat ich unter sie, – begierig eigentlich nur, das Lob der Anstalt, der Ärzte und der glorreichen Taten zu singen, die sie an mir verrichtet. Doch war gerade dies mir verwehrt, da »Billings Hospital« keine »publicity« duldet, auch mit Auskünften über mich in all der Zeit aufs äußerste sparsam gewesen war. So konnte ich den boys nur einiges Gutgemeinte über Politik vorsagen und wurde übrigens bald »cut short« von Erika, die mit meinen Kräften sparte. Medi Borgese brachte uns in ihrem Wagen zum Hotel, wo sie Quartier gemacht hatte. Welche prächtigen Räume! Und die

Mahlzeiten in unserer »dinette«, wieviel gewinnender als die Anstaltskost! Ich trank kein Coca Cola mehr. Dr. Bloch besuchte uns in der Freiheit. Der Eisenbahner-Streik verzögerte unsere Abreise um vierundzwanzig Stunden. Es gab viel Telephonieren der Feststellung wegen, ob und wann der »Chief« nach Los Angeles fahren werde. Am Sonntag stand er bereit. Unter bequemsten Umständen, in einem »drawing-room«, mit privaten Mahlzeiten, vollzog sich die Rückreise. Dienstag den 28. Mai trafen wir zu dritt in Union Station wieder ein.

XIV

Es war schönste Jahreszeit. Jeder Gang in den von Vattaru wohl unterhaltenen Garten, seine strahlende Blumenpracht, der Blick hinaus über Tal und Hügel auf die klar konturierte Kette der Sierra und andererseits über Palmenwipfel auf Catalina und den Ozean, all diese paradiesischen Bilder und Farben entzückten mich. Ich war glücklich, mich im Natürlichen bewährt, eine rigorose Prüfung cum laude bestanden zu haben, glücklich, in den eigenen Lebensrahmen wieder eingekehrt und mit meinen Büchern, allem gewohnten Bedarf eines tätig strebenden Lebens wieder vereinigt zu sein; glücklich sogar über die Freude des Pudels, der den bedenklichen Sinn unserer Abreise so wohl gespürt, mir so traurigen Blicks die Pfote aufs Knie gelegt hatte, als ich im Schlafzimmer sitzend die Ambulanz erwartete, und nun unser Wiederdasein mit Tänzen und Rundgalopps feierte; glücklich vor allem in dem längst gefaßten Beschluß, zu dem besonders Antonio Borgese nachdrücklich ermahnt hatte, nichts anderes vorerst meine Sache sein zu lassen, als die Beendigung des Romans, der mir im wesentlichen unter Dach gebracht schien und dessen Ablauf mir klar vor Augen stand. Gewiß würde er Schwierigkeiten bieten bis zum letzten Wort, große zum Teil, aber Schritt für Schritt würden sie zu überwinden sein.

Gute Freunde sprachen vor und brachten gute Gaben: Dieterles, Neumanns, Helene Thimig, Fritzi Massary. Adorno schenkte Benjamins vorerwähntes Buch über das deutsche Trauerspiel, zu dessen interessantesten Hinweisen derjenige gehört auf den hie und da noch fühlbaren Zusammenhang des Shakespeare-Dramas mit dem allegorischen Teufelsjokus des Mittelalters: Shakespeares Erzschurken und Repräsentanten des Urbösen, die Richard und Jago, wären danach in ihrer oft unzweideutigen und auch von großen Schauspielern immer herausgearbeiteten Komik großartige Relikte aus jener für ihren Schöpfer noch nicht weit zurückliegenden Region religiösen Spaßes, – eine geistvolle Konjektur und reizvoll jedenfalls für mich, den die mit dem Satanischen beschäftigten Teile des Buches natürlich am nächsten angingen. Die Fähigkeit und Bereitschaft, in jeder Lektüre Beziehungen aufzuspüren zum eigenen leidenschaftlichen Betreiben, ist selber fast komisch zu beobachten, und die Wahrheit ist, daß einem das Beziehungsvolle und Anzügliche beständig von allen Seiten entgegenkommt, auf fast kupplerische Weise einem zugespielt wird. Das Gratulationsgeschenk Lion Feuchtwangers, der von meinem Dichten und Trachten doch wenig wußte, waren die Schriften des Agrippa von Nettesheim, – eine große Aufmerksamkeit! Denn darin war nun gleich ein schnurrig entrüstungsvolles Kapitel über Teufelsbannerei und Schwarzkünstlerei und mehr noch: eines über Musik, oder vielmehr gegen sie, voller moralischer Invektiven. Bei den griechischen Poeten, heißt es da, habe der Gott Jupiter *niemals* gesungen, noch die Zither geschlagen, und Pallas habe die Flöte verflucht. »Die rechte Wahrheit zu sagen, was ist doch unnützlicher, verächtlicher und mehr zu meiden, als die *Pfeifer*, die Sänger und andere dergleichen Art Musici, welche ... gleichsam durch eine vergiftete Süßigkeit, wie die Sirenen mit ihrem leichtfertigen

Singen, *Scheingebärden* und Klang der Menschen Gemüter zu bezaubern und einzunehmen trachten? Dahero haben der tapferen Thrakier Weiber den Orpheum verfolget, weil er mit seinen Gesängen die Männer ganz weibisch gemachet.« – Die Musik ist immer verdächtig gewesen, am tiefsten denen, die sie am innigsten liebten, wie Nietzsche. –

Allzu viel Gespräch erzeugte Schweißausbruch und Atemlosigkeit, die Frauen drangen auf Schonung und vor allem auf Abwendung von der aufgelaufenen Post, deren Bearbeitung ihnen und der Sekretärin, der treuen Hilde Kahn, Abschreiberin des »Faustus«, zu überlassen war. Hospitalgewohnheiten, wie das nächtliche Teestündchen nebst Einnahme schlafstützender Mittel und zweistündige Bettruhe am Tage, herrschten, zum Teil aus sentimentaler Anhänglichkeit, noch fort. Aber schon zwei Tage nach der Ankunft notiert das wiederaufgenommene Tagebuch »Beschäftigung mit den letzten Teilen des Manuskripts«, und Anfang Juni fand ich mich glücklich wieder, weit hinten, an dem nie befriedigenden Vortragskapitel No. VIII bastelnd und bessernd. Da das Sitzen am Schreibtisch mir Schmerzen im Rücken machte, war eine neue Arbeitspositur einzuführen, die ich bis heute beibehalten habe: das Schreiben in der Sofa-Ecke, auf dem Schoß das in die Metallklammer einer Unterlage gespannte Papier. Auf diese Weise ging ich vormittäglich die Liste der im stillen vorgesehenen Verbesserungen durch. Noch vor Mitte des Monats war sie erschöpft und also der Augenblick des Weiterschreibens gekommen. Doch blieb noch immer der Vorwurf »böser Längen und Lizenzen«, wie das Tagebuch sich ausdrückt, mit dem fahrlässigen Hinzufügen: »– die andere tilgen mögen«. Diese Neigung, die Verantwortung für weitere Eingriffe, die vermutlich energischer Art sein mußten, anderen zuzuschieben, gehörte wohl meinem an Schonung gewöhnten Rekonvaleszenten-Zustand an, hing aber auch zusammen mit meiner geheimen Auffassung des Werkes als eines Vermächtnisses, auf dessen Öffentlichwerden ich kaum persönliche Rücksicht nahm, und mit dem Herausgeber und Vollstrecker nach Gutdünken umgehen mochten. Zeitweilig wenigstens war dies meine Anschauungsweise. Übrigens aber hatte ich bei jener Bemerkung wohl schon diejenige Person meiner Umgebung im Auge, für die das väterliche Wort galt: »Mit mir nur rat' ich, red' ich zu dir«, und deren Rat nur meine eigene Rede sein würde.

Vorderhand war es gut, wieder vorwärtszukommen. Mitte Juni war noch nicht heran, als ich XXXV, das Schicksal der armen Clarissa, frei nach dem Leben, einer geschwisterlichen Wirklichkeit, zu schreiben anfing, und zwölf Tage später war es geschlossen, so daß noch vor Ende des Monats das nächste begonnen werden konnte, das die deutsche Atmosphäre der zwanziger Jahre erinnert, die sich unsichtbar haltende Freundin, ein Beispiel tiefster Diskretion, einführt und sich an der Beschreibung ihres Ringgeschenkes vergnügt. Mein 71. Geburtstag war zwischenein gefallen. Die nützlich-notwendigste Gabe, die er mir gebracht hatte, war ein hübscher Klappsessel, der uns nun bei Ausfahrten begleitete, um mir im Freien, an bevorzugten Punkten mit Meeresausblick, als Ruhesitz zu dienen. Es hatte mit dem Gehen noch seine Schwierigkeiten, und meine angeborene Unfähigkeit, über den gegenwärtigen Zustand hinauszudenken, spiegelte mir vor, daß ich nun bis ans Ende meiner Tage mit dem Klappsessel würde auszuziehen haben, – der doch sehr bald wieder aus meinem Gebrauch verschwand. – In der von Gide gegründeten Zeitschrift »L' Arche«, die ich regelmäßig empfing, las ich eine instruktive Studie über den Schönberg-Schüler Anton von Webern, die Offenheit des intellektuellen Frankreichs für die moderne Musik bezeugend; dazu einen klug gefühlten Aufsatz über Nietzsches Atheismus, verstanden als eine religiöse Sonderform, in Übereinstimmung mit der mir sehr naheliegenden Auffassung, der ich selbst in der amerikanischen Kritik schon begegnet bin: daß Nietzsches Kampf gegen die christliche Moral ein Ereignis *innerhalb* der Geschichte des Christentums bildet. – Stephen Spender hatte das zerstörte Deutschland bereist; sein sehr lebendiger Bericht darüber erschien auf deutsch in der »Neuen Schweizer Rundschau« und flößte gelinden Schrecken ein durch seine dégoûtierte Schilderung der tragischen Ergüsse deutscher Schriftsteller in ihrer nichtsnutzigen Verwaschenheit, ihrem gemütvollen Dünkel, – gelindes Entsetzen wieder einmal vor dem Gehaben der »Inneren Emigration«. »Mit den Augen des Westens« hätte der Artikel heißen können, wie das Meisterwerk Joseph Conrads, von dem ich vor dem Schlafengehen jetzt sehr viel oder alles las: ich hatte mit Lord Jim begonnen, fuhr fort mit *Victory* und las in Wochen die ganze Reihe dieser Romane durch, unterhalten, beeindruckt und als Deutscher irgendwie beschämt durch eine männliche, abenteuerliche und sprachlich hochstehende, psychologisch-moralisch tiefe Erzählungskunst, wie sie bei uns nicht nur selten ist, sondern *fehlt*. – Der Grüne Heinrich, durch Goethe auch mit dem *Nachsommer* verwandt, wie mir auffiel, beschäftigte mich noch immer weiter. Bewunderungsvoll bis zum Schluß, ließ ich mich in meiner literarhistorischen Unwissenheit verwirren und intriguieren durch die Nichtübereinstimmung des vierten Bandes, wie er mir jetzt vorlag, mit der im Krankenzimmer benutzten Ausgabe, von der offenbar doppelten Fassung, die in den dritten Teil zurückreicht, denn auch das »Narrengefecht« dort hat verschiedenen Ausgang, da Lys in einer Version nachträglich an seiner Wunde stirbt. Und wie sonderbar, sonst nie vorkommend, das spätere Verlassen der autobiographischen

Form, der Übergang vom Ich in die dritte Person! Glücklicherweise besuchte uns eines Juni-Tages ein Zürcher Freund, der junge Schriftsteller Richard Schweizer, der in Filmangelegenheiten an dieser Küste zu tun hatte; bei ihm beschwerte ich mich über diese Unstimmigkeiten, zog ihn zur Verantwortung dafür, und einige Wochen später, als er sich nach Zürich zurückgeschwungen, empfing ich von ihm, in acht schön gedruckten Leinenbänden, die beiden von Jonas Fränkel »auf Grund des Nachlasses« herausgegebenen Fassungen des herrlichen Werks: die von 1926 und die von 1854, wie sie nun zu klarer Übersicht auf einem Bort meines Arbeitszimmers stehen. –

Eine erfreulich eindrucksvolle Nachricht kam aus Deutschland: Über *Lotte in Weimar* wurden an Ort und Stelle, und zwar in den Gesellschaftsräumen des Goethe-Hauses selbst, unter russischer Protektion eine Reihe von Vorträgen gehalten, die, wenn ich recht berichtet war, großen Zulauf hatten. Das Vorkommnis berührte mich tief. Es hatte übrigens ein komisches Gegenstück, von dem ich etwas später Kunde erhielt. Schon während des Krieges hatten einzelne Exemplare des Romans, aus der Schweiz eingeschmuggelt, in Deutschland kursiert, und Hasser des Régimes hatten aus dem großen Monolog des Siebenten Kapitels, worin das Authentische und Belegbare sich ununterscheidbar mit dem Apokryphen, wenn auch sprachlich und geistig durchaus Angepaßten mischt, einzelne dem deutschen Charakter recht nahetretende und Unheil prophezeiende Dikta ausgezogen, sie vervielfältigt und sie unter dem Tarnungstitel *Aus Goethes Gesprächen mit Riemer* als Flugblatt unter die Leute gebracht. Ein Durchschlag davon, oder die Übersetzung des eigenartigen Falsums war dem britischen Ankläger im Nürnberger Prozeß, Sir Hartley Shawcross, vorgelegt worden, und guten Glaubens, verführt durch das aktuell Schlagende der Äußerungen, hatte er in seinem Plaidoyer ausgiebige Anführungen daraus gemacht. Sein Irrtum sollte ihm nicht geschenkt sein. Im »Literary Supplement der London Times« erschien ein Artikel, worin nachgewiesen wurde, daß Shawcross nicht Goethe, sondern meinen Roman zitiert habe, – was gelinde Verlegenheit in Londoner offiziellen Kreisen schuf. Im Auftrage des Foreign Office schrieb mir der Botschafter in Washington, Lord Inverchapel, und bat um Aufklärung. In meiner Antwort gab ich zu, die »Times« hätten recht, es handle sich um eine von ihren Urhebern gutgemeinte Mystifikation. Doch verbürgte ich mich dafür, daß, wenn Goethe nicht wirklich gesagt habe, was der Ankläger ihm in den Mund gelegt, er es doch sehr wohl hätte sagen können, und in einem höheren Sinn habe Sir Hartley also doch *richtig* zitiert.

Diese kleine Komödie der Irrungen spielte erst etwas später, im Hochsommer. Noch im Juni aber traf mich aus Deutschland, zunächst ohne Einzelheiten, eine weit ernstere und rührendere Nachricht: Am 6. des Monats, gerade an meinem Geburtstag also, war Gerhart Hauptmann gestorben. Das Nähere, die Nötigung, sein von den Polen requiriertes Haus im schlesischen Gebirg zu verlassen, das Sich-niederlegen und Sterben des Vierundachtzigjährigen in der Auflösung des Haushalts, bei gepackten Koffern, erfuhr ich erst später. Meine Gedanken beschäftigten sich viel mit dem nun Verewigten, mit unseren zahlreichen Begegnungen, die gelegentlich, in Bozen und auf Hiddensee, zu einem Zusammenleben unter demselben Dache wurden, – mit dem grundeigentümlichen, skurrilen teils und teils auch immer ergreifenden, tief gewinnenden, zu Liebe und Ehrfurcht anhaltenden Erlebnis seiner Persönlichkeit. Zweifellos hatte sie etwas Attrappenhaftes, bedeutsam Nichtiges, diese »Persönlichkeit«, hatte in ihrer geistigen Gebundenheit etwas von steckengebliebener, nicht recht fertig gewordener und ausartikulierter, maskenhafter Größe, also daß man, sonderbar gebannt, stundenlang an den Lippen des gebärdenreichen Mannes im schlohweißen Haar hängen mochte, ohne daß bei der Sache irgend etwas »herauskam«. Und doch kam unter Umständen etwas zwar vielleicht sehr Einfaches, aber durch die Persönlichkeit eigentümlich ins Relief Getriebenes und zu neuer und starker Wahrheit Erhobenes heraus, das man nie wieder vergaß. Eines Abends in Hiddensee, es mag der Sommer 23 gewesen sein, hatte er uns auf seinem Zimmer (seine Sekretärin, die Jungmann, war auch dabei) aus seinem Till Eulenspiegel-Epos vorgelesen, den unheimlichen Gesang, worin die Sonne aufzugehen versäumt, und nach einigem Gespräch darüber forderte er mich auf, nun etwas aus dem *Zauberberg* mitzuteilen, in dessen drittem Viertel etwa ich damals stand. Ich wehrte ab. Es widerstand mir ehrlich, zu lesen, nachdem er gelesen hatte, und ich sagte es. Nun geriet er in Bewegung. Es dauerte eine Weile, bis er hervorbrachte, was in ihm arbeitete. Voran gingen pantomimischer Widerspruch, Gesten, bannende Winke zur Aufmerksamkeit. Dann kam es: »Lieber Freund ... Nicht so ... Sie haben unrecht ... *In unseres Vaters Hause sind viele Wohnungen!*« – Das war so gut, als Wort so gefunden und empfunden, *so groß* gedacht und wohl angebracht, daß es mich in tiefster Seele rührte. Meinen Beifall beantwortete er mit wiederholtem und zufriedenem: »Nichtwahr? Nichtwahr?«, und so sträubte ich mich nicht länger. Ich las etwas jüngst Geschriebenes, das Kapitel »Strandspaziergang«, ein recht abstraktes Stück humoristischer Philosophie, das schlecht aus dem Zusammenhang zu nehmen ist, und bei dem die Jungmann sich furchtbar langweilte. Aber der Alte war angetan. Er hatte sich beim Hören an den Tonfall, die Sprechweise, den geistigen Rhythmus gehalten und stellte Stilvergleichungen an. »Woran es am meisten erinnert«, sagte er, »ist Meredith.« Ich habe die Bemerkung im Gedächtnis behalten, weil sie sein Feingefühl für rhythmische Anklänge und Verwandtschaften kennzeichnete. War er doch selbst ein großer Rhythmiker, dem schon Richard Dehmel die heimliche Gebundenheit, den »inneren Vers« seiner angeblich »naturalistischen« schlesischen Volkssprache nachwies, und dessen Dichten sich oft, wie am Schluß des *Michael Kramer,* fast ohne Gedanken, oder in äußerster Gedankenvagheit, nur auf der Sprache wiegt. Einmal sagte er, der Anfang von Hofmannsthals *Andreas*-Fragment sei beeinflußt von der Art, in der Büchners *Lenz* beginnt. Eine rein rhythmische Beobachtung, auf die so leicht sonst niemand verfallen wäre.

Von seiner Gutmütigkeit und Fürsorge muß ich auch erzählen. Er nahm auf Hiddensee sein Seebad zu sehr früher Stunde, und als ich eines Morgens zum Strande kam, fand ich ihn dort schon, das weiße Haar an den Kopf geklebt, im Bademantel, sich trocknend. Man begrüßte sich, und ich fragte beiläufig: »Wie war es?« – »Ganz angenehm«, antwortete er. »Ein bißchen warm nur.« – »Nun, desto besser!« fand ich und ging weiter. Ich war vielleicht fünfzehn Schritte gegangen, als er buchstäblich im Trabe hinter mir dreingelaufen kam. Wiederholt und dringlich rief er mich bei Namen und erklärte, als ich mich umwandte, ein wenig atemlos: »Sie müssen wissen, das war ein Scherz von mir. Das Wasser ist furchtbar kalt!« – Offenbar hatte er gefürchtet, ich würde einen Chok erleiden. Ein guter Mann. Und ein glücklicher Mann während des größten Teils seines Lebens. Als er zur Feier seines 70. Geburtstags (sie zog sich durch Wochen, diese Feier) in München war, hatten wir, zusammen mit Max Halbe, der ihn immer mit Zungen-r »Mein großer Freund« anredete, im Hotel Continental ein Champagner-Frühstück mit ihm, das sich zu einer seiner geliebten Trink-Sitzungen ausdehnte: es dauerte von halb 2 bis 6 Uhr. Er war so großartig und bedeutungsvoll-nichtssagend wie je. Bannende Anstalten zu einer Äußerung brach er ab mit der Entscheidung: »Kinder, trinken wir lieber noch etwas von diesem harmlosen Zeug!« Das »harmlose Zeug« war der Moët-Chandon. Schwer geladen fuhr er schließlich in sein Zimmer hinauf, legte sich nieder und war im selben Augenblick eingeschlafen, – tatsächlich bevor noch die Person, die ihn zu Bette gebracht, die Tür hinter sich zugezogen hatte. Die Festaufführung der *Ratten* im Schauspielhaus sollte um 8 Uhr beginnen. Er kam gute zwanzig Minuten zu spät in seine Loge, wurde vom Publikum, das geduldig gewartet hatte, wie ein König empfangen, ließ sich nieder und folgte der Aufführung – einer glänzenden Aufführung seines vielleicht besten Stückes – bis zum letzten Wort mit dem größten Genuß.

Ein glücklicher Mann, ein Segensmensch. Und er wollte es bleiben. Die Märtyrerrolle wies er ab. Den unbedingten Kampf gegen die heraufziehende völkische Barbarei nannte er »gnadenlos«, – ein sinnreich gewähltes Wort, das sowohl »ohne Gnade« wie »unbegnadet« meinte. Er dachte auch wohl, daß er es mit Goethe halten müsse, der gesagt hatte:

»Mir gefällt's, zu konversieren
Mit Gescheiten, mit Tyrannen.«

Mit Gescheiten! Aber auch mit blutigen Kaffern? Er war bereit dazu. Für ihn durfte sich durch die »Machtergreifung« nichts ändern. Er wollte sich die Repräsentation nicht nehmen lassen, wünschte seinen 80. Geburtstag wie den 70. zu begehen. Er blieb in Deutschland, hißte die Hakenkreuzflagge, schrieb »Ich sage Ja!« und ließ es sogar zu einer Entrevue mit Hitler kommen, der eine schmähliche Minute lang seinen stupiden Basiliskenblick in die kleinen und blassen, recht ungoethischen

Augen bohrte und weiter »schritt«. – Harden pflegte um 1900 den germanischen Liebling der jüdischen Kritik »der arme Herr Hauptmann« zu nennen. Nun war er wirklich »der arme Herr Hauptmann« und hat, isoliert, verbittert und von den Nazis auch noch verhöhnt für seine Willigkeit zum Kondeszendieren, gewiß unsäglich gelitten in der Stickluft, dem Blutdunst des Dritten Reiches, unsäglich sich gegrämt über das Verderben des Landes und Volks seiner Liebe. Seine späten Bilder zeigen die Züge des Märtyrers, der er nicht hatte sein wollen. Sie schwebten mir schmerzlich vor bei der Nachricht von seinem Hinscheiden, und meine Trauer nährte sich von dem Gefühl, daß wir bei aller Verschiedenheit unserer Naturen, und wie weit Leben und Geschehen uns auch auseinander geführt, etwas wie Freunde gewesen waren. Ich leugne nicht das Gran Ironie, das meiner Bewunderung für ihn beigemischt war; aber wie diese Bewunderung dennoch von Herzen kam, so schätzte er wohl die Wohnung, die ich einnahm »in unseres Vaters Hause«, und hat über die Persiflage der »Persönlichkeit«, die ich mir im *Zauberberg* erlaubte, das Symbol majestätischer Unzulänglichkeit, das ich nach seinem Bilde darin aufgerichtet, trotz allen Klatsches, der ihn mit der Nase darauf stoßen, ihn gegen mich aufbringen wollte, mit großartiger Duldsamkeit hinweggesehen. 1925 schrieb er öffentlich über das Buch in hohen Worten; und daß mir 1929 der Nobelpreis zufiel, war nicht zuletzt und vielleicht vor allem sein Werk. Er rief mich in München aus Schreiberhau an, um mir zu berichten, er habe soeben mit dem Kingmaker in Stockholm, Professor Böök von der Schwedischen Akademie, gleichfalls telephonisch, eine entscheidende Unterredung gehabt, er freue sich, der erste Gratulant zu sein. Ich antwortete ihm, die Auszeichnung solle mir desto lieber sein, je mehr ich sie ihm zu verdanken hätte... Freunde, aber auf formellem Fuß standen wir stets miteinander. Der eigentümlich-komischste Augenblick unseres Umganges war es, als er im Begriffe war, mir das Du anzubieten – und dann doch davon abstand. Er hatte wohl etwas getrunken und fing an: »Also ... Beachten Sie wohl ... Gut! ... *Wir sind doch Brüder, nicht wahr?* ... Sollten wir folglich nicht ... Gewiß ... Aber lassen wir das!« Es blieb beim Sie. Und doch; wen in der Runde hätte er sonst wohl seinen Bruder genannt? –

Nur langsam erholten sich meine Nerven; aber was mir in Jahr und Tag nicht mehr gelungen war, das ging nun mühelos vonstatten: Jede Woche, ohne Rückschlag und Stillstand, zeigte die Waage eine Gewichtszunahme von anderthalb bis zwei Pfund. Operativen Eingriffen folgt ja oft solch ein biologischer Auftrieb. Hilfreich dabei war vielleicht auch ein Wundermittel jüngster russischer Erfindung, das Dr. Rosenthal mir einige Male injizierte, und das mir übrigens einen schlimmen Arm mit juckender Rötung machte. Das Tagebuch nimmt Notiz von »entschiedensten psychologischen und technischen Kriegsvorbereitungen hierzulande«, aber Hand in Hand damit, unbekümmert, geht das Vermerken gleichmäßiger Fortschritte in dem Roman, der Mitte Juli bis zum XXXVII., dem Fitelberg-Kapitel, oder der Stoffsammlung dafür, gediehen war. Die Figur des internationalen Agenten, die symbolische Szene der Versuchung der Einsamkeit durch die »Welt« waren von langer Hand her vorgesehen, und die Idee, den amüsanten Versucher ganz allein reden zu lassen, unter bloßer Andeutung der Reaktionen seiner Unterredner, bildete sich beim Zusammentragen des Gesprächsmaterials gleich heraus. Was mir noch fehlte, was ich so recht nicht mit Augen sah, war die Person, die Erscheinung des Mannes selbst; aber auch ihretwegen war mir geholfen, als der Augenblick des Weiterschreibens gekommen war: Eines Morgens beim Frühkaffee in meinem Schlafzimmer sprach ich meiner Frau von dieser kleinen und doch beschwerenden Sorge, die mich an die fernen Tage in Bozen erinnerte, als ich ratlos war, wie aus Mynheer Peeperkorn etwas Pittoreskes zu machen sei, – und die Befragte wußte Rat. Ungefähr, meinte sie, sei der Typ doch zur Hand, ich brauchte mich nur in allgemeinen Zügen an unseren alten Freund in New York, den ehemals in Paris tätigen Literatur- und Theateragenten S. C. (der freilich der Musik ferne stand) zu erinnern, um für den »Weltmann« ein Gesicht zu haben. Sehr gut! Natürlich, das war er. Wie hatte ich nur daran nicht denken können! Auf geistige, steigernde Art nach der Natur zu arbeiten, ist das Allervergnüglichste, und der Klage über Unähnlichkeit würde ich schon, wie Liebermann, mit der Antwort begegnen können: »Das ist ähnlicher als Sie selbst!« – Von da an ist stehende Notiz: »An XXXVII«, »An Fitelberg den ganzen Tag«, und obgleich ich zwischendurch einige Tage an einen Artikel wendete, den »Musical Quarterly« zu Bruno Walters 70. Geburtstag bestellt hatte, und dem ich die Form eines freundschaftlichen Briefes gab, konnte ich doch Mitte August, wenig mehr als drei Wochen nach dem Beginn, das Kapitel abschließen, – eine erfrischende Episode jedenfalls in all der Düsternis, und sehr dankbar vorzulesen, da sie etwas von der munteren Zweideutigkeit und Theaterwirksamkeit einer Riccaut de la Marlinière-Szene hat. Lessing ist dieser Charge wegen dem Vorwurf nationalistischer Verunglimpfung der französischen Nation nicht entgangen, und da ich immer fand, daß er sich damit eines gewissen moralischen Leichtsinns um des Effektes willen wirklich schuldig gemacht hat, muß ich auch einräumen, daß die Gefahr einer antisemitischen Mißdeutung meiner jüdischen Riccaut-Figur, bei aller sympathischen Drolerie, die ich ihr mitzugeben suchte, nicht ganz von der Hand zu weisen ist. Mit einer gewissen Besorgnis darauf aufmerksam gemacht, wurde gleich bei der ersten Vorlesung des Abschnitts im Familien- und Freundeskreis, und so überraschend der Gedanke mir war, – ich mußte ihm um so mehr sein Recht zugestehen, als da ja auch noch der arge Breisacher ist, ein intellektueller Quertreiber und Wegbereiter des Unheils, dessen Charakterisierung demselben Verdacht Vorschub leistet. Von diesem heißt es übrigens: »Kann man es dem jüdischen Geist verargen, wenn seine hellhörige Empfänglichkeit für das Kommende, Neue sich auch in vertrackten Situationen bewährt, wo das Avantgardistische mit dem Reaktionären zusammenfällt?« Und von Fitelberg: »Ich habe das Alte Testament im Leibe, und das ist eine nicht weniger ernste Sache als das Deutschtum ...« Die erste Äußerung besagt, daß meine Juden einfach Kinder ihrer Epoche sind, so gut wie die anderen, ja, kraft ihrer Gescheitheit oft ihre getreueren Kinder. Und die zweite deutet auf die sonderliche geistige Würde des Judentums, deren Anerkennung das Buch vermissen zu lassen scheint, und von der ich doch selbst meinem Allerwelts- und Manager-Juden noch etwas mitgegeben habe. Sind denn auch, wenn ich etwa den Erzähler selbst, Serenus Zeitblom, und Mutter Schweigestill ausnehme, die deutschen Bewohner dieses Romans sympathischer als seine jüdischen? Es ist ja im ganzen ein wunderliches Aquarium von Geschöpfen der Endzeit! Lieber, als die deutschblütigen Larven, die bei Kridwiß die Zeit und ihre Launen diskutieren, ist Fitelberg mir unbedingt, und solange man zögert, den Roman anti-deutsch zu nennen (aber selbst damit wird hie und da *nicht* gezögert werden), möge man auch mit dem Vorwurf des Antisemitismus zurückhalten. –

Jetzt, nach Mitte August, während ich XXXVIII, das Kapitel der Violin-Sonate und die Konversation bei Bullinger über sinnliche Schönheit zu schreiben begann, spielten jene Ratssitzungen mit Erika, die sich viel mit dem von Mrs. Lowe wieder eingeforderten Maschinen-Manuskript beschäftigt hatte und liebevoll darauf bedacht war, es von schleppenden Längen, unnötigen Schwierigkeiten für die Übersetzer, lastenden Pedanterien zu befreien, die auszumerzen ich allein nicht die Entschlußkraft gefunden hatte. Nun ging es, in verschiedenen Teilen des Buches, besonders den früheren, der Arbeitsleistung so manches Vormittags zu Leibe, – mit Zagen immer auf seiten der sorgenden Antragstellerin, die alles so schön geschrieben, es um alles so schade fand und eben nur meinte, das Ganze werde durch dies und jenes Opfer gewinnen. Wahrscheinlich hatte sie erwartet, daß ich um jede Zeile kämpfen würde und war überrascht von meiner Bereitwilligkeit, – die alten Datums war und nur aufgerufen zu werden brauchte. Kaum je gab es ein Dingen und Feilschen. »Aber ja! Bewilligt! Hinaus damit! Wir streichen anderthalb, wir streichen drei Seiten! Es wird leserlicher, *etwas* leserlicher sein.« Gewisse Eingriffe galten noch wieder dem Kapitel von Kretzschmars Vorträgen; Musik-Theoretisches ging über Bord; die Studentengespräche wurden gekappt, das Schwelgen in Brentano-Liedern eingedämmt, aus der Halle-Theologie ein ganzer Professor mitsamt seinem Kolleg hinausgeworfen. Schließlich, nach mancher Wiederkehr der klugen Mahnerin, waren es einige vierzig Blätter, um die sich das Manuskript erleichtert fand, – und genau die rechten. Sie fehlen niemandem, sie fehlen auch mir nicht; sie herauszunehmen, sie zu beseitigen, war eine Herzensentlastung, und nur allerlei aufhaltende Arbeit machte es freilich, die Bruchstellen unsichtbar zu machen und kleine Brücken zu bauen, wo der Zusammenhang zerrissen war. Dann konnte wieder eine große Menge endgültig fertigen Manuskripts an die Übersetzerin nach Oxford, England, gehen.

Das Violin-Konzert betreffend, Adrians hybrides Geschenk an die Zutraulichkeit, so hatte ich von dem Stück schon ein seiner eigentümlichen seelischen Bedeutung leidlich entsprechendes Bild gegeben, als Adorno sich danach erkundigte. »Jenes Konzert, von dem Sie sprachen, ist es eigentlich schon geschrieben?« – »Ja, so ziemlich.« – »Nein, erlauben Sie, das ist wichtig, wir müssen da sehr akkurat sein!« Und nach wenig Worten war der von mir nur ungefähr ausgehörten Imagination, dieser »Parodie des Hinreißenden«, das technische Rückgrat verliehen.

Kapitel XXXVIII war in zwölf Tagen getan, und am übernächsten Tag nach dem Abschluß begann ich das folgende, das, anfangs in Zürich spielend, Marie Godeau in den nun immer romanhafter, das heißt dramatischer werdenden Roman einführt. Diesen Abend waren wir zur Feier von Walters Geburtstag bei Alma Mahler-Werfel, zusammen mit Arlts, Fritzi Massary und Oskar Karlweis. Eine Grillparzer-Ausgabe für die Bibliothek seines neuen Hauses in Beverly Hills war unser Geschenk an den Jubilar, der sich zu seiner ersten Europa-Reise nach dem Kriege anschickte. Nach Tische las ich dem Kreise, zur Rührung des alten Freundes, meinen Beitrag für »Musical Quarterly« auf deutsch vor und überreichte ihm die Handschrift in einer Kassette. Schließlich gab ich ihm nicht mehr, als ich von ihm empfangen, denn meine kleine Arbeit paraphrasierte im Grunde nur seine Lebenserinnerungen, *Thema mit Variationen*, die eben, auf englisch zunächst, erschienen waren, und in denen er auch unserer ersten Bekanntschaft und Nachbarschaft im Münchener Herzogpark so freundlich gedenkt. – Der Abend gewann große Heiterkeit durch Karlweis, den berühmten »Prinzen Orlowsky« in Reinhardts Inszenierung der *Fledermaus*, – durch die Spenden seiner komischen Begabung, die hervorragend ist. Er hat seine unbezahlbare Privat-Nummer, die Copie des Wiener Schauspielers Moser, ein populär geschwätziges Bravourstück von annähernd zehn Minuten

Dauer, worin es hauptsächlich darum geht, daß »der Schilling sich in New York befindet, und daß dies das Ölend ist«. Wer es gehört hat, kennt die Tränen, die wir vergossen. Ich kann nicht sagen, wie dankbar ich für solche Geschenke einer echten »vis comica« bin. Eine Gesellschaft, die einen ihrer Träger und Virtuosen einschließt, ist geborgen, – mir jedenfalls ist geholfen, wenn einer da ist, denn meine Bewunderung für die gut sitzende Parodie, das komische Können ist ungemessen, und ich werde des Genusses nicht müde. Das ist die Freude, mit der ich Charlie Chaplin auf einer »party« begrüße. Seine mimische Produktivität, von größter Grazie und Treffsicherheit wie sie ist, pflegt ihn sehr bald zum Mittelpunkt des Kreises zu machen, und der Abend ist glorreich gerettet. Wir trafen ihn auch zu jener Zeit öfters, bei Salka Viertel etwa, oder bei Florence Homolka, und unvergeßlich ist mir – zum Beispiel – die Schilderung seines Jugenderfolges, die er einmal bot, die Beschreibung einer Reise von Hollywood nach New York, die er, seines schon ungeheuren Ruhmes noch unbewußt, unternahm, und der phantastischen Situationen, in die diese uferlose und wilde Popularität ihn brachte. Es war ein Meisterstück grotesk darstellender Erzählung. Dieser selbe geniale Clown aber hörte, das will ich nicht auslassen, mit gespannter Aufmerksamkeit zu, als ich ihm auf sein Befragen einiges von meiner Arbeit, dem sich gegen sein Ende neigenden Roman, berichtete, von dem er gehört hatte. »That's fascinating!« sagte er. »That may happen to be your greatest book.« –

In den zwanziger Tagen des August, als ich mit notierenden Vorbereitungen zu dem Drama Adrian-Marie-Rudi-Ines beschäftigt war, einem richtigen »plot«, das sogar den Eclat eines Eifersuchtsmordes mit sich bringt, gab es verschiedentlich Besuch: Medi Borgese traf mit ihren beiden englisch redenden Töchterchen zu einigem Aufenthalt bei uns ein, und meine

Freude an diesen reizvollen Enkelkindern war nicht weniger lebhaft, wenn auch weniger unmittelbar, als die an den Schweizer Bübchen: die Ältere ein zierliches Mittelmeer-Prinzeßchen von unterhaltender Intelligenz, die Kleinere, Dominica, dem Vater noch ähnlicher, schwarzäugig, mit dem Gesicht eines sizilianischen Bauernkindes, putzig, dabei aber von einem eigentümlichen, bei Kindern selten zu findenden Würdegefühl. Sehr schlecht erträgt sie es, wenn die Erwachsenen über sie lachen, und wendet sich dann an ihre Mutter mit der empfindlichen und fast strengen Frage: »Why do they laugh?«, so betont, als wollte sie sagen: »Habe ich mich irgendwie lächerlich benommen?« Man kann darauf nicht genug versichern, daß die Heiterkeit nicht als Auslachen gemeint war, und daß man ihre kleine Person durchaus ernst nimmt. – Ferner ereignete sich, merkwürdig genug, ein Wiedersehen mit der Epoche des Hospitals, einem ihrer markanten Gesichter: Professor Bloch aus Chicago und seine Frau waren unsere Gäste; er kontrollierte die Narbe, die Verwachsungen und fand mich in der befriedigendsten Verfassung. Wirklich hielt die Gewichtszunahme beständig an, obgleich gerade damals, bald nach Blochs Besuch, ein Übel mich befiel, das ich vor Jahren in Zürich, nach einer Kopfrose, also auch nach längerer Bettlägerigkeit, schon einmal, aber in milderem Grade, erprobt hatte: ein außerordentlich quälendes, die Nächte gründlich verderbendes, juckend-entzündliches Hautleiden, das Anfang September einsetzte und, oft eine unleidliche Irritation erzeugend, bis tief in den Oktober hinzog. Es ist bekannt, wie schwer diesen halb nervösen (aber freilich auch sehr realen) Affektionen ärztlich beizukommen ist, wie etwa Röntgen-Bestrahlung oder auch anästhetisierende Mittel unter Umständen mehr schaden als bessern; aber ich wandte mich doch um Hilfe von einem Doktor zum anderen, an amerikanische und deutsche, die alle versagten, ja bei dem besten Willen geradezu Unheil anrichteten. Ein sonderbares Vorkommnis dieser Leidenswochen, das mich etwas an Adrians fehlschlagende Doktor-Besuche in Leipzig erinnerte, war dies, daß ich eines Tages das Medical Building in Beverly Hills, wo der Mann, auf den ich gerade meine Hoffnungen setzte, seine Praxis hatte, über Nacht ausgebrannt und unbetretbar vorfand, – es war da nichts mehr als geschwärztes, mit Wasser begossenes Mauerwerk, Schmutz und Öde, – und vielleicht war es mein gutes Glück, daß durch höheres Walten eine dieser gutgemeinten und an sich wahrscheinlich ganz kunstgerechten, mir aber nun einmal schädlichen Behandlungen beizeiten abgeschnitten wurde. Schließlich landete ich bei einer mausäugigen kleinen russischen Jüdin im tiefsten Los Angeles, zu der freilich der Weg eine Reise, und die so überbeschäftigt und mit ihrer Zeittafel in so heilloser Unordnung war, daß man stundenlang bei ihr warten mußte, die aber ihre Sache, gerade diese, aus dem Grunde verstand, sofort Linderung schuf und mich im Lauf von ein paar Wochen kurierte.

»Auch ungeschlafen werde ich arbeiten«, heißt es einmal trotzig im Tagebuch; und es ist wahr, selbst zu ihrer schlimmsten Zeit vermochte die Plage dem Fortschreiten des Romans nichts anzuhaben. Zu voll war ich von meiner so weitgehend schon erfüllten Aufgabe und zu sicher jetzt in dem, was ich tat. Einen Tag oder zwei unterbrach ich mich gegen Ende September, um für Bohuš Beneš, einen Neffen unseres Freundes und Gönners, des Präsidenten, ein Brief-Vorwort zu seinem in England erscheinenden Roman *God's Village* zu schreiben; dann fuhr ich Morgen für Morgen fort, meinen Faden zu spinnen, das mythische Drama von der Frau und den Freunden in unheimlich spezieller Abwandlung sich ausspielen zu lassen: erzählte von Adrians Kundgebung seiner Heiratswünsche, von dem winterlichen Gesellschaftsausflug ins bayerische Gebirge, schrieb den Dialog zwischen Adrian und Schwerdtfeger in Pfeiffering (Kap. XLI), eine enigmatische Sonderbarkeit, hinter der das Teuflische lauert, und während deren Abfassung es im Tagebuch zu wiederholten Malen heißt: »Las Shakespeare«, – fügte die der Verlobung vorausgehenden Szenen zwischen Rudi und Marie an und führte nach Mitte Oktober mit Leichtigkeit (wie leicht ist das Katastrophale!) Kapitel XLII, den Mord in der Trambahn, zu Ende. Als ich einige Tage später diese Abschnitte bei Neumanns in Hollywood vorlas, erinnerte ich mich, wie weit zurück in meinem Phantasieleben die Idee des elektrischen Feuers reicht, das unter den Rädern und an der Kontaktstange eines herankommenden Trambahnwagens zuckt und zischt, worin ein Mord begangen werden soll. Die Vorstellung gehörte zu den uralten, nie ausgeführten Romankonzeptionen, die ich zu Anfang dieses Referates erwähnte. An fünfzig Jahre hatte ich die Vision dieser »kalten Flammen« mit mir herumgetragen, bevor ich sie nun in einem Spätwerk, das aus der Gefühlswelt jener frühen Tage manches aufgenommen hat, untergebracht hatte. – Übrigens bewahrte Kitty Neumann mich vor einer ernsten Kompromittierung meiner Münchener Lokalkunde. Ich hatte zum Schauplatz von Ines' Untat einen Wagen der Linie 1 gemacht, – die doch niemals nach Schwabing gegangen ist! Mehrere andere standen zur richtigen Wahl, und »Linie 10« heißt es nun ehrenhaft im Text, dank der Wachsamkeit dieser Zuhörerin, die mich sogleich in bodenständiger Rede auf den Lapsus hinwies.

Wieder einmal sprachen die Leutchen aus San Francisco ein, und der Vermerk »Für Frido gezeichnet, eine Palme, eine Eisenbahn, einen Cellospieler, ein brennendes Haus« ist wieder da. Mehrfach beschreibt nun das Tagebuch das anmutige Kind schon in einer transfigurierenden, entrückenden und verklärenden Art, nämlich mit dem Wort »elfenhaft«. »Wirkt wie ein Elf.« »Morgens mit dem elfenhaften Kleinen auf meinem Balkon...« Seine Stunde näherte sich. Kapitel XLII, und damit der vorletzte Teil des Buches, war gegen Ende Oktober geschlossen, am Letzten des Monats das XLIII., das Kapitel der Kammermusik, begonnen worden, hinführend schon zu dem Klage-Oratorium, dessen Ausführung dann durch das Erscheinen und den furchtbaren Hingang des wunderbaren Kindes noch verzögert wird. Wie viele beschäftigende Vorkommnisse, politische und persönliche, Erfahrungen der Lektüre, gesellschaftliche Zwischenfälle und solche, die der Post-Eingang mit sich bringt, spielen aber fortwährend ins Hauptbetreiben, das laufende Werk hinein, dem ja immer nur drei, vier beste, hermetisch abgesonderte Tagesstunden eigentlich angehören! Die Lektüre betreffend, so schienen noch immer die Romane Conrads die dem gegenwärtigen Stadium meines eigenen »Romans« angepaßteste, oder doch am wenigsten störende, Unterhaltung zu sein: Ich las *The Nigger of the Narcissus, Nostromo, The Arrow of Gold, An Outcast of the Islands*, und wie alle diese vorzüglichen Dinge heißen, mit großem Genuß, aber auch ganz anders Geartetes, wie Hoffmanns *Elementargeist* und rein Philologisches, die Sprachphantasie Nährendes und Anregendes, wie *Sprichwörter des Mittelalters* von dem ehrwürdigen Samuel Singer in Bern. Im September hatte der Konflikt Wallace-Byrnes gespielt, und der Secretary of Commerce, der durch seine außenpolitische Rede das »Friedenswerk« von Paris gefährdet hatte, wurde von Roosevelts Nachfolger und Geschöpf fallen gelassen. »Praised by Reds« war sein Stigma, und nicht lange mehr, so sollte der Mann von Iowa, mehr oder weniger rhetorisch, aufgefordert werden, als Foreign Agent zu registrieren. An dem Abend, an welchem das Radio seine Demission gemeldet hatte, sandten wir ihm ein Sympathie-Telegramm. Churchills Pan-

Europa-Rede in Zürich, deutsch-französische Cooperation unter amerikanischer und *russischer* Gönnerschaft befürwortend, fiel auch in diese Tage. An suspekter Deutschfreundlichkeit übertraf sie die Stuttgarter Äußerungen des amerikanischen Staatssekretärs, und klarer als je zeichnete der Wille zur Wiederaufrüstung Deutschlands gegen Rußland sich ab, zusammen mit der persönlichen Hoffnung des alten Kämpen auf »one more gallant fight«. Anfang November folgte bei uns der Wahlsieg der Republikaner mit etwa 55 zu 45%. Europäische Kommentare gingen dahin, Truman habe der Partei zu viel Mißachtung zugezogen, und im Gegensatz zur ganzen übrigen Welt stehe Amerika rechts. Es würde nicht stehen bleiben, wo es schon stand. Mächtige Interessen waren am Werk, das Werk Roosevelts gründlich zu demolieren, die Reue darüber, daß man mit Rußland Deutschland geschlagen und nicht lieber Rußland mit Deutschland, zur Wut anzufachen, die Regressionsbewegung weiterzutreiben – wie weit? Bis zum Fascismus? Bis zum Krieg? – Auch dieses alles, in seinen Einzelsymptomen täglich verfolgt, nahm die Gedanken in Anspruch und gehörte, wie die Ereignisse der vergangenen Jahre, zum Hintergrund des Romans eines Romans.

Nicht ohne politischen Einschlag war ein intimeres Vorkommnis von Ende September: Die Post brachte den Brief eines ehemaligen Bonner Professors, jetzt in London tätig, der beauftragt worden war, vorsorglich bei mir anzufragen, ob ich bereit sei, das mir unter Nazidruck abgesprochene Ehrendoktorat der Bonner Philosophischen Fakultät wieder anzunehmen. Meine Antwort lautete in natürlicher Versöhnlichkeit: »Aber gern!« – und barg den beruhigenden Hintergedanken, daß ja, was ich anno 1936, anläßlich meiner nationalen und akademischen Exkommunikation, meinen Landsleuten und der Welt zu sagen gehabt hatte, der »Bonner Brief« also, durch diesen restituierenden Akt gottlob nicht aus der Welt komme ... Ich erhielt denn auch binnen kurzem das mir längst verlorengegangene, feierlich latinisierende Diplom vom Jahre 1919, gleich in zwei Exemplaren, begleitet von sehr herzlichen Briefen des Rektors und des Dekans, wieder zurück. – Ein von dem Ausgang der Wahlen, dem Weg, welchen sein Land eingeschlagen, leidenschaftlich erschütterter junger Student aus Chicago, Mitglied einer Vereinigung zur Propagierung des World Government Gedankens, saß eines Septembernachmittags bei mir zu langem Gespräch, bei dem die Drohung der Atombombe und die Unerläßlichkeit internationaler Kontrolle ganz in dem Sinn erörtert wurde, in welchem einige Wochen später die Proklamation Einsteins und sieben anderer Physiker sich über diese Schicksalsfrage aussprach. Der junge Mensch drang in mich, nach Chicago zu kommen und für seine Organisation über die Notwendigkeit der Errichtung einer Welt-Autorität zum Schutze des Friedens zu sprechen. Unmöglich konnte ich ihm die Reise zusagen, aber ich versprach ihm ein »statement«, oder, wie man im Deutschen feierlicher sagt: eine Botschaft über den Frieden als höchstes Gebot und die Verdichtung der Utopie zum praktischen Lebenserfordernis und unterbrach mich auch wirklich im laufenden Kapitel, um dieser fühlenden Jugend Wort zu halten, – überzeugt natürlich, daß mein Bekenntnis noch prompter und lautloser vom Wogengang des Verhängnisses werde verschlungen werden als das Manifest des großen Gelehrten.

»Musical Quarterly« zeigte sich erkenntlich für den jüngst gelieferten Beitrag mit einem kuriosen Buchgeschenk, das Faksimile-Reproduktionen darbot in Amerika befindlicher Briefe Beethovens. Ich sah sie lange an, diese hingewühlten und -gekratzten Züge, diese verzweifelte Orthographie, diese ganze halbwilde Unartikuliertheit – und konnte »keine Liebe« dafür finden in meinem Herzen. Goethes Ablehnung des »ungebändigten Menschen« war wieder einmal mitzufühlen, und wieder einmal legten Grübeleien über das Verhältnis von Musik und Geist, Musik und Gesittung, Musik und Humanität sich nahe. Hat das musikalische Genie überhaupt nichts mit Humanität und »verbesserter Gesellschaft« zu tun? Arbeitet sie ihr vielleicht geradezu entgegen? Aber Beethoven war ein Mann des *Glaubens* an revolutionäre Menschenliebe, und französische Literaten haben ihm mit Verachtung vorgeworfen, er führe als *Musiker* die Sprache eines radikalen Ministers ... Die Franzosen sind Ästheten, man sage, was man wolle. Ich überzeugte mich aufs neue davon durch den Vergleich zweier Bücher, eines deutschen und eines französischen, die meine eigene Arbeit zum Gegenstand haben und in jenem Herbst fast gleichzeitig zu mir gelangten. Der Titel des französischen (Verfasser: Jean Fougère) verbindet meinen Namen mit der Idee der »Séduction de la Mort«, das deutsche dagegen, von Arnold Bauer, in der Ostzone erschienen, spricht von meinem Werk im Zusammenhang mit der »Krisis der bürgerlichen Kultur«. Glaubt der französische Geist überhaupt an diese Krisis? Wie schon nach dem ersten Weltkriege, scheint mir, überläßt er es den Deutschen, »Apokalypsen zu träumen« und interessiert sich weit mehr für solche Schönheiten, wie die »Verführung durch den Tod«. Daß der deutsche Geist metaphysisch sei und der französische sozial, hat auch nur bedingte Richtigkeit. –

Eines Zusammenseins mit Schönberg bei uns ist in jenen Tagen gedacht und soll hier gedacht sein, bei dem er mir von seinem neuen, eben vollendeten Trio und den Lebenserfahrungen erzählte, die er in die Komposition hineingeheimnist habe, deren Niederschlag das Werk gewissermaßen sei. Er behauptete, er habe darin seine Krankheit und ärztliche Behandlung samt »male nurse« und allem übrigen dargestellt. Übrigens sei die Ausführung äußerst schwierig, ja fast unmöglich, oder nur für drei Spieler von Virtuosenrang möglich, dabei aber sehr dankbar vermöge außerordentlicher Klangwirkungen. Die Verbindung »Unmöglich, aber dankbar« nahm ich in das Kapitel von Leverkühns Kammermusik hinein. – Ein Fragebrief an den Arzt Dr. Rosenthal wegen des Ablaufs der Hirnhautentzündung ging Ende Oktober ab. Das erste Echo-Kapitel (XLIV) war Anfang November begonnen worden. Ich schrieb nun Tag für Tag daran fort. Ich schilderte den zarten Kömmling im Elfenreiz, steigerte eine Zärtlichkeit meines eigenen Herzens ins nicht mehr ganz Rationale, zu einer Lieblichkeit, welche die Leute heimlich an Göttliches, an ein von hoch- und weither zu Besuch Kommendes, eine Epiphanie glauben läßt. Vor allen Dingen: ich ließ den kleinen Boten seine wunderlichen Sprüche machen, wobei ich Stimme und Akzent des Enkelknäbchens im Ohr hatte, von dem wenigstens eines dieser kuriosen Worte, das »Gelt, da freust du dich, daß ich gekommen bin?« wirklich einmal gesprochen worden war. Der ganze Verwandlungs- und Erhöhungsakt, den ich vornahm, liegt beschlossen in der unirdischen Transparenz, die, wie von selbst, in der Dichtung dieses »gekommen« annimmt. Dabei berührte es mich träumerisch-eigentümlich, zu sehen, wie das Buch, das doch schließlich ein Buch vom Deutschtum ist, durch den Mund des Kindes und über das Schweizerische, eine sprachliche Vertiefung vom Barocken und Lutherischen noch weiter zurück ins Mittelhochdeutsche gewann. Für Echos Abendgebete, von denen niemand weiß, woher er sie hat, benutzte ich Sprüche aus *Freidanks Bescheidenheit* (13. Jahrhundert), die ich meist durch Umdichtung ihrer dritten und vierten Verse als Gebete adaptierte. Die modernen Verschen, die er weiß, schöpfte ich erinnerungsweise aus einem verschollenen Bilderbuch, an welchem ich selber als Kind gehangen. – Eifriger hatte ich, glaube ich, niemals gearbeitet. »Am Echo-Kapitel«, heißt es nun viele Tage lang. »Sehr beschäftigt schon morgens früh.« »Viel im *Tempest*.« »Unruhiger Schlaf durch abendliche Gedankenarbeit.« Dann, Anfang Dezember: »An Echos Todeskrankheit, mit Leide«. »Mit Leide!« Formelhaft wiederholt sich das nun. Das »göttliche Kind« sollte dem, der nicht lieben durfte, dem Mann der »Kälte«, genommen werden, das war längst verhängt und beschlossen. Durch genaue Information über die Krankheit, die dem Bösen zu seiner Untat dienen muß, hatte ich mich darauf vorbereitet. Es auszuführen, wurde mir bitter schwer, und als später in London die Übersetzerin mich allen Ernstes fragte: »How could you do it?«, antwortete ich ihr, sie möge aus Adrians Gebaren, aus seinem »Es soll nicht sein«, seinem Bruch mit der Hoffnung, seinem Wort von der »Zurücknahme«, – sie möge daraus ablesen, wie schwer es mir geworden. Ein Tag vor Mitte Dezember brachte die Notiz: »Das XLV. Kapitel beendet, wie es nun eben sein mußte«; der nächste die Anmerkung: »Früh erwacht, erregt von dem Stand des Buches, der beabsichtigten Mitteilung des Letztgeschriebenen, dem noch zu Tuenden.« Der Zwillingsbruder meiner Frau, Klaus Pringsheim, war vorigen Monat von Tokyo, wo er jahrelang als Dirigent der kaiserlichen Kapelle gewirkt hatte, mit seinem Sohn nach den Staaten gekommen und seit einigen Wochen unser Gast. In seiner und unseres Golo Gegenwart, der damals eine Professur für Geschichte in Pomona College übernahm, las ich eines Abends diese süße und schreckliche Episode, die dichterischste wahrscheinlich, zu der der Roman sich erhebt, mit einer Bewegung, die sich den Zuhörern sichtbarlich mitteilte. Wir sprachen lange über das ätherische und jammervolle Vorkommnis und sagten uns, daß man es der Mutter des wirklichen Kindes, das übrigens über Echos Alter schon kräftig hinaus war, so lange wie möglich vorenthalten müsse. –

Ein Werk der Kunst trägt man immer als Ganzes, und möge die ästhetische Philosophie auch wollen, daß das Werk des Wortes und der Musik, zum Unterschied von dem der bildenden Kunst, auf die Zeit und ihr Nacheinander angewiesen ist, so strebt doch auch jenes danach, in jedem Augenblick ganz da zu sein. Im Anfang leben Mitte und Ende, das Vergangene durchtränkt das Gegenwärtige, und auch in die äußerste Konzentration auf dieses spielt die Vorsorge fürs Zukünftige hinein. So war, während die Erzählung vom Kinde mich völlig einzunehmen schien, mein Augenmerk gleichzeitig doch schon auf das Nächstkommende, die Darstellung von Leverkühns zweitem Hauptwerk, Dr. *Fausti Weheklag*, gerichtet gewesen, und: »Exzerpte aus dem Volksbuch. Ideen zum Faust-Oratorium. Das Ganze chorisch, historisch bezogen auf das Lamento des 17. Jahrhunderts, Durchbruch aus der Konstruktion zum Ausdruck«, – das ist ein Eintrag aus den Tagen, in denen ich noch am ersten Echo-Kapitel schrieb. »Mit Adorno über die Kantate«, heißt es um dieselbe Zeit. »Adornos zum Abendessen. Ich las später im Studio das Gespräch in Pfeiffering und Rudolfs Tod. Der Vergleich mit *Parsifal*, in seinem Verhältnis zu allem Vorhergehenden, drängt sich mir immer wieder auf.« Und dann einer der tief aufsteigenden Ausrufe, wie sie in den Aufzeichnungen jener Jahre von Zeit zu Zeit begegnen: »Nie hat mich, dabei bleibt es, eine Arbeit so erregt und bewegt!« Die phantasiemäßige Realisierung des Werks der »Zurücknahme« war nun an der Tagesordnung, und ich erinnere mich wohl des ergiebigen November-Nachmittags, den ich in dieser dringlichen Angelegenheit bei dem musikalischen Freund und Adlatus verbrachte. Unser Gespräch ging zunächst über den vierten Band von Ernest Newmans großer Wagner-Biographie, den ich mir, wohl eben des *Parsifal* wegen, von Knopf erbeten hatte, und mit dessen psychologischer Erklärung von Nietzsches Bruch mit Wagner (er wird auf gewöhnliche Eifersucht, und sogar einfach gesellschaftliche, zurückgeführt) ich recht unzufrieden war. Dabei spricht Newman von Wagner als Denker oft nicht respektvoller als von Nietzsche, verzeiht aber jenem alles um der Werke willen – als ob die nichts mit dem Denken zu tun hätten. Übrigens nennt er seinen Helden einmal »a born amateur« – und versteht nicht, daß gerade diese Natur, das damit verbundene autoritäre Mitreden über alles und jedes, die namenlose Unbescheidenheit, die diejenige Hitlers vorwegnimmt, Nietzschen auf die Nerven ging. Die Kennzeichnung, nebenbei, konnte mir recht sein. Welches Ärgernis hatte ich aufgeregt, als ich in Leiden und Größe Richard Wagners den Mann des »Gesamtkunstwerks« einen genialen Dilettanten genannt hatte! Nun bestätigte das der Vier-Bände-Biograph mit seinem unerschrockenen Wort vom geborenen Amateur. – Genug davon. Wir gingen zu der Kantate über, für die der »Wirkliche Geheime Rat«, wie ich ihn in der Zueignung des ausgedruckten Buches nannte, sich mancherlei Zuträgliches ausgedacht hatte. Und doch bin ich versucht, zu sagen, daß sein Hauptverdienst um das Kapitel nicht im Musikalischen, sondern auf dem Gebiet der Sprache und ihrer Nuancen liegt, wie sie, ganz zuletzt, ein Moralisches, Religiöses, Theologisches umwerben. Als ich nämlich, nach vierzehntägiger Arbeit daran, mit dem Abschnitt fertig war, oder damit fertig zu sein glaubte, gab ich ihn Adorno eines Abends bei mir im Zimmer zu hören. Er fand im Musikalischen nichts zu erinnern, zeigte sich aber grämlich des Schlusses wegen, der letzten vierzig Zeilen, in denen es nach all der Finsternis um die Hoffnung, die Gnade geht, und die nicht dastanden, wie sie jetzt dastehen, sondern einfach mißraten waren. Ich war zu optimistisch, zu gutmütig und direkt gewesen, hatte zu viel Licht angezündet, den Trost zu dick aufgetragen. Die Bedenken, die mein Kritiker dagegen erhob, mußte ich als nur zu berechtigt anerkennen. Am nächsten Morgen gleich setzte ich mich zur gründlichen Überholung der anderthalb oder zwei Seiten nieder und gab ihnen die behutsame Form, die sie jetzt haben, fand erst jetzt die Wendungen von der »Transzendenz der Verzweiflung«, dem »Wunder, das über den Glauben geht« und die vielzitierte, beinahe in jeder Besprechung des Buches vorkommende, versartige Schlußkadenz mit der Sinnverkehrung ausklingender Trauer zum »Licht in der Nacht«. Erst Wochen später, wieder einmal bei Adorno, las ich ihm das Abgeänderte und fragte, ob es nun recht sei. Statt aller Antwort rief er seine Frau, sie müsse das auch hören. So las ich die beiden Blätter noch einmal, blickte auf – und brauchte nicht weiter zu fragen. –

Weihnachten 1946 war schwül, der Himmel zum Regnen geneigt. Am 23., noch mit der Kantate beschäftigt, dachte ich lebhaft zurück an die Kindheit, wo schon an diesem Abend Bescherung im Elternhaus war, da der Heilige Abend selbst der frommen und prächtigen Feier im großmütterlichen Hause vorbehalten blieb, dessen Ruine, die allein stehen gebliebene Fassade mit leeren Fensterhöhlen, ich nun so oft im Bilde sah. Bei schon geschmücktem Baum hörten wir im Radio Händels *Messias*. – Ich las Nietzsches *Ecce homo* wieder in diesen Tagen, offenbar zur Vorbereitung auf die Schlußabschnitte des Romans, las auch, nachdem das Buch mir viele Jahre verloren gewesen, in Joëls *Nietzsche und die Romantik*, aus dem ich als Jüngling viel gelernt, und das ich antiquarisch wieder erworben hatte. Dieterles waren eben aus Europa, aus dem zerschmetterten Deutschland zurückgekehrt, schilderten das Elend, den Übelgeruch von Städten und Leuten und berichteten bitter von dem Wohlleben der in Lagern verwahrten SS.-Mannen, deren Verpflegung der amerikanischen gleichgestellt war, und die Sonnenbäder nahmen. Der Weihnachtsabend entbehrte der Enkelkinder diesmal; wir telephonierten mit Erika und Klaus in New York, mit den Kindern in Mill Valley, mit Frido. Die »Neunte Symphonie« erklang, sehr passend zu meiner Beschäftigung, beim Abendkonzert. Nie hatte ich das Scherzo und das Adagio mehr bewundert – und brachte wieder einmal keine Liebe auf für den verzettelten letzten, den Variationensatz. Ich arbeitete an dem Roman jeden Vormittag und las Dostojewskys *Aus einem Totenhaus* wieder durch in den letzten Tagen des Jahres. Es regnete schwer. Das Treiben des »Committee on Un-American Activities«, das sich eben gegen die offenbar kommunistisch verseuchte Library of Congress wandte, bedrückte und empörte mich. Dr. Hermann Rauschning und seine Frau waren kurz vor Jahresende bei uns zum Abendessen. Das Gespräch war politisch: Nach seiner Meinung waren die Deutschen als Volk nicht mehr möglich; was bleibe, sei der Deutsche als Individuum. Wünschenswert schien ihm eine europäische Föderation mit Einschluß der deutschen Einzelländer unter Verzicht auf den Reichsnamen. – Zu Sylvester, einem hellen, windigen Tag, war ich mit dem XLVI. Kapitel noch immer nicht völlig zu Rande gekommen. Golo führte uns abends den jungen Eysoldt zu, Sohn jener Gertrud Eysoldt, die in meiner Jugend als Wedekinds Lulu bei Reinhardt so unauslöschlichen Eindruck auf mich gemacht. Die jungen Leute erbaten eine Vorlesung, und ich las von Adrians Ärzten und aus seinem Gespräch mit dem Teufel. Die Unterhaltung hernach kam auf Hugo Wolf und wie er sich (was mir neu war) bei einem einmaligen Besuch im Bordell, von einem Mädchen, das sein dort klavierspielender Freund ihm abgetreten, die »Franzosen« geholt. –

Der Neujahrstag 47, an dem ich morgens das Kantatenkapitel, noch unrichtig, abschloß, brachte mir eine wahre Herzensfreude. Ich hatte einige Tage vorher an Erika die ihr noch unbekannten Teile des Manuskripts, wohl zehn Kapitel, zur Kontrolle nach New York geschickt und fand nun bei der Rückkehr vom Spaziergang zu meinem gelinden Schrecken die Meldung von einem Telegramm vor, »not to be telephoned«. Es wurde geholt und lautete: »Read all night. Shall go into newyear reddened eyes but happy heart. Wondering only how on earth you do it. Thanks, congratulations etc.« Wie lächelnd saß diese so charakteristische Äußerung des treuen Kindes um mein Herz! Ich hatte wohl gewußt, daß sie über Echo weinen würde; es war aber dabei, wie sie mir bald erzählte, viel lebenskomischer zugegangen, als ich es mir gedacht. Sie hatte sich nämlich, dem Jahreswechsel zu Ehren, nach durchlesener Nacht in die Pflege eines »beauty shop« begeben, und nachmittags, beim Lesen der Echo-Kapitel, war das ganze kunstvolle make-up, Wimperntusche und alles, von Tränen verschwemmt, ihr schwärzlich übers Gesicht geflossen. – Die innerdeutsche Ausgabe von *Lotte in Weimar* nicht zufällig wohl und mit meinem Einverständnis das erste meiner Bücher, das in Deutschland selbst wieder angeboten wurde, traf auch ein an diesem Tage. Wir verbrachten den Abend mit Chaplins, Dieterles, Feuchtwangers, Hans Eisler im Hause des Philosophen Dr. Weil und seiner amerikanischen Frau, und wieder einmal hatte ich mit Eisler einen jener aus Enthusiasmus und Bosheit gemischten Diskurse über Wagner, die mich so sehr amüsierten. Beinahe damit zusammen aber traf ein mit dokumentarischen Beilagen versehener Brief, den ich aus Bayreuth von Dr. Franz Beidler, dem Enkel Wagners und von Angesicht ihm unheimlich ähnlich, erhielt, und der mich tagelang problematisch beschäftigte. Ich kannte Beidler, der 1933 Deutschland verlassen hatte, schon aus Berliner und Münchener Tagen, und in Zürich dann hatte er mit seiner Frau freundschaftlich in unserem Hause verkehrt, uns auch ein paarmal aus den Anfängen seines, wohl heute noch nicht vollendeten Buches über seine Großmutter Cosima, eines recht kritischen Buches, versteht sich, vorgelesen. Nun hatte der Bürgermeister von Bayreuth, ehrgeizig für seine Stadt, sich wegen der Neu-Organisation des Wagner-Theaters, der Wiederaufnahme der Festspiele »in demokratischem Geist« an ihn gewandt, ihm, der zu Hitler-Bayreuth und dem Régime seiner Tante in strikter Opposition gestanden, die Oberleitung angetragen und ihn nach langer brieflicher Erörterung zu mündlicher Besprechung an Ort und Stelle geladen. Ich glaube, der Hauptvorteil dieser Reise für Beidler bestand darin, daß sie ihm Gelegenheit bot, sich Zugang zu dem Archiv von Wahnfried zu verschaffen, der ihm zum Nachteil seines Buches bisher verschlossen gewesen war. Aber auch über den Plan des Stadtoberhauptes, die Liste der heranzuziehenden Personen, die Bildung eines Kuratoriums waren eingehende Verhandlungen gepflogen worden, und vor allem, indem er den Vorschlag fast zur Bedingung seiner Mitwirkung machte, war Beidler für meine Ehrenpräsidentschaft eingetreten, die er mir nun in seinem Briefe sehr ernstlich und herzlich antrug. Es war ein sonderbarer, phantastischer und in gewissem Sinn erschütternder Eindruck. Aus hundert Gründen, geistigen, politischen, materiellen, mußte die ganze Idee mir utopisch, lebensfremd und gefährlich, teils als verfrüht, teils als obsolet, von Zeit und Geschichte überholt erscheinen; ich war nicht imstande, sie ernst zu nehmen. Ernst nahm ich nur die Gedanken, Gefühle, Erinnerungen, die sie mir aufregte, – Erinnerungen an meine lebenslange, in frühen Tagen durch Nietzsches faszinierte Kritik nur noch befeuerte und vertiefte Verbundenheit mit der Wagnerwelt, an die ungeheuren und in hohem Grade bestimmenden Wirkungen, die der zweideutige Zauber dieser

Kunst auf meine Jugend geübt. Schauerlich bloßgestellt durch die Rolle, die sie im nationalsozialistischen Staat gespielt, sollte sie nun in ihrer Reinheit (aber war sie je rein gewesen?) wiederhergestellt werden, und in später Wirklichkeit war mir eine Stellung amtlicher Repräsentanz in dem Mythos meiner Jugend zugedacht. Es war keine Versuchung, aber es war ein Traum, und wirklich wäre ich mit den letzten fünfzig Seiten des Faustus früher fertig geworden, wenn dies Irrlicht mir nicht tagelang vorgeschwebt und der ausweichend dilatorische Brief, der an Beidler zu schreiben war, mich nicht abgelenkt hätte.

XLVII, das Kapitel der Versammlung und des Bekenntnisses, war am zweiten Tage des neuen Jahres auf gut Glück begonnen worden, und ich erinnere mich, daß ich am Abend dieses Tages Schuberts herrliches B-dur-Trio wieder einmal hörte, in Sinnen über den glücklichen Zustand der Musik, den es darstellt, über die Schicksale der Kunst seither, über das verlorene Paradies. Das Lesen von Prosa Mörikes begleitete die Arbeit, und besonders imponierten mir und erregten meinen Neid die *Heinzelmännchen von Stuttgart* durch die natürliche und scheinbar ganz unstudierte Handhabung des älteren Deutsch. In diesen Tagen geschah es, daß eine Annonce mir vor Augen kam, die mich, sehr unvernünftigerweise, geradezu ungeheuerlich und wie ein toller Irrtum anmutete. Aus Zürich traf Oprechts Sortimentskatalog ein, der, in klarem Druck, den *Faustus* mit vollem Titel und unter vorläufiger Angabe des Preises für den Leinenband als Novität anführte! Ich kann die Gefühle von Unglauben, Beklemmung, Erschrecken, wie über eine gutgemeinte, aber peinliche Indiskretion, nicht schildern, mit denen ich die Ankündigung las. Noch lag ich im Kampf mit dem Buch, und bis zum letzten Wort lebt man bei solcher Arbeit ja in der Vorstellung, daß entscheidende Schwierigkeiten noch zu überwinden sind und das Getane noch erst der Rettung bedarf durch das Verbleibende. Als Fertigware in Leinen angeboten zu sehen, was mir so unfertig schien, wirkte als greuliche Voreiligkeit; außerdem aber, bei aller privaten Mitteilsamkeit darüber, die meine Erfülltheit sich von jeher gegönnt hatte, war mir der Gedanke des Öffentlichwerdens dieses Lebens- und Geheimwerks und seiner Allerweltsexistenz als Buch unter Büchern, noch immer in tiefster Seele fremd und unfaßbar und nicht schnell genug konnte ich mir den Katalog mit der chokierenden Anzeige aus den Augen schaffen.

Ich brauchte siebzehn Tage für das vorletzte Kapitel – das letzte eigentlich, denn der Schluß sollte als Nachschrift gefaßt sein. Adrians Ansprache ging mir so nahe zu Herzen, wie sie mir tief vom Herzen kam, und nur die alte Gewohnheit, das Politische neben dem Dichterisch-Menschlichen hergehen zu lassen und zwischen den Sphären hin und her zu wechseln, macht mir begreiflich, daß ich dabei von Tagesereignissen Notiz nahm, wie dem Rücktritt des Byrnes als Minister des Auswärtigen und seiner Ersetzung durch den aus China herbeigerufenen General Marshall. Am Lauschen auf Nachrichten über Deutschland hinderte die Niederschrift der »oratio« mich auch nicht. Ernst Wiechert, ein Prominenter der »Inneren Emigration«, sprach damals öffentlich von »diesem hoffnungslosen Volk«, und wenn nicht ganz klar war, ob er damit ein Volk meinte, dem man keine Hoffnung lasse, oder ein Volk, auf das zu hoffen unmöglich sei, so wurde die Frage einigermaßen geklärt durch den Zusatz: wenn heute Hitler wiederkäme, würden 60 bis 80% der Deutschen ihn mit offenen Armen empfangen. Daß dabei zwei Hoffnungslosigkeiten sich begegnen, nämlich die deutsche und die unserer Okkupationspolitik, blieb unausgesprochen. Wiechert aber ist seither zur »Äußeren Emigration« übergegangen und hat seinen Wohnsitz in der Schweiz genommen, – aus akutem Unwillen darüber, daß man rücksichtslos genug war, ihm »displaced persons« auf seinen Hof zu setzen.

Drückende Föhnsonne herrschte in den Januartagen, an deren einem ich, die lange Reihe der bezifferten Kapitel abschließend, der oberbayerischen Bäuerin, auch einem Stück erlebter Menschlichkeit, das letzte Wort ließ und meine Vorbereitungen zur »Nachschrift« begann. Sie beanspruchte acht Tage. Am 29. Januar vormittags schrieb ich die letzten Zeilen des Doktor Faustus, wie ich sie längst im Sinn getragen: Zeitbloms stilles Stoßgebet für Freund und Vaterland – und blickte über die drei Jahre und acht Monate, in denen ich unter der Spannung dieses Werkes gestanden, zurück zu dem Maimorgen mitten im Kriege, an dem ich die Feder dazu angesetzt: »Ich bin fertig«, sagte ich meiner Frau, als sie mich von dem gewohnten Spaziergang gegen den Ozean hinab mit dem Wagen abholte; und sie, die schon so manches Fertigwerden in Treuen abgewartet und mit mir begangen hatte, – wie herzlich beglückwünschte sie mich! »Mit Grund?« fragt das Tagebuch. Und es fügt hinzu: »Ich anerkenne die moralische Leistung.«

In Wahrheit hatte ich nicht das Gefühl, fertig zu sein, nur weil das Wort »Ende« geschrieben war. »Sinnende und bessernde Beschäftigung mit dem Manuskript« heißt es noch manchen Tag. Ich tilgte Einzelheiten der Nachschrift, die man beim Vorlesen allzu bedrückend gefunden, kam bastelnd auf die Violinsonate, die Kammermusik zurück, setzte das Dante-Motto und hielt eine Weile für ratsam, der schweren Kapitelmasse durch die Einteilung in sechs »Bücher« eine klarere Form zu geben. Das war schon ausgeführt, als ich doch den Plan wieder fallen ließ. Eine Woche verging noch, die erste des Februar, bis ich das Buch für »endgültig abgelegt« erklärte und nicht mehr Hand daran zu legen beschloß. Wir verbrachten den Abend bei Alfred Neumanns und stießen an mit Champagner auf die Beendigung eines Werkes, an dessen Plan der gute Freund so aufhorchenden Anteil genommen. Ich las nach dem Kaffee die Echo-Kapitel zu großer Rührung. Kitty hatte, so hörten wir nächsten Tages, die Nacht nicht schlafen können und nur an das Kind immer denken müssen.

Zu besorgen war jetzt der Nietzsche-Vortrag für die Fahrt nach dem Osten und nach Europa, für die wir bereits die ersten Vorbereitungen trafen. Das essayistische Nachspiel zum *Faustus* nahm ungefähr vier Wochen in Anspruch und war, mit seinen vierzig Manuskriptblättern, für den mündlichen Vortrag, den englischen wie den deutschen, um zwanzig Seiten zu lang. Erika leistete ein Meisterstück, literarischer Regie, indem sie den Aufsatz, eben fürs Mündliche, durch hundert Aussparungen im einzelnen und unter Bewahrung des Wesentlichen, genau um die Hälfte kürzte. Ein Artikel zu Hermann Hesses 70. Geburtstag beschäftigte mich zusammen mit der Redaktion der englischen Fassung des Nietzsche-Vortrags während der letzten Wochen vor unserer Abreise. Am 22. April brachen wir nach dem Osten auf und schifften uns am 11. Mai auf der »Queen Elizabeth« ein. Ich sprach in London. Eines Juni-Vormittags – und es war wie ein Traum – saß ich auf der Bühne des Zürcher Schauspielhauses, wo ich mich vor acht Jahren mit einer Vorlesung aus *Lotte in Weimar* verabschiedet hatte, und führte, glücklich belebt von dem Wiedersehen mit der trauten Stadt, einem dies Wiedersehen freundlich mitbegehenden Publikum Fitelbergs Riccaut-Szene auf. Wir verbrachten einige Wochen dieses sonnenstarken Sommers in Flims, Graubünden, und dort las ich die täglich aus der Druckerei von Winterthur einströmenden Korrekturen des *Doktor Faustus*. Der Roman seiner Entstehung war beendet. Derjenige seines Erdenlebens begann.

NACHWORT

Das Thomas-Mann-Archiv in Zürich (TMA) besitzt die 183 Seiten umfassende Handschrift (Mp XI 7 grün). Dort sind außer den Korrekturen während des Schreibens nachträgliche Tilgungen mit Bleistift erkennbar. Das Manuskript erfuhr dann weitere Bearbeitungen auf einem Typoskript (Mp XI 7 a grün), das ursprünglich eine wörtliche Abschrift der Handschrift war. Von diesem Typoskript und einem Durchschlag davon sind nur einzelne Blätter vorhanden, nämlich solche mit größeren Tilgungen. Der Durchschlag weist Streichungen mit Bleistift auf. Einige davon, vielleicht alle, dürften Erika Manns Kürzungen gewesen sein. Auf diesem Durchschlag hat Thomas Mann Korrekturen und Änderungen angebracht, die dann mit anderer Handschrift, wahrscheinlich Erika Manns, auf das Original-Typoskript übertragen wurden. Die Druckvorlage dürfte eine Abschrift von dem vollständigen Original-Typoskript gewesen sein. Sie ist nicht erhalten. Außerdem bewahrt das TMA zwei identische Durchschläge einer Liste von zusätzlichen Anweisungen (Typoskript Mp IX 147 Nr. 2 a grün, vier Seiten) unter der Überschrift: »Korrekturen, Striche und durchwegs zu Beachtendes fuer die *Entstehung des ›Doktor Faustus‹ Roman eines Romans*«. S. 3 dieses Konvoluts ist eine Liste ›ZUSAETZLICHE STRICHE‹, die sich auf die nicht erhaltene Druckvorlage für den Erstdruck bezogen haben muss, weil deren Paginierung nicht mit den erhaltenen Bruchstücken des Typoskripts übereinstimmt. Das Original der Liste muss an den Verlag gegangen sein und diente dazu, das Korrekturlesen für den Teildruck in der *Neuen Rundschau* zu ersetzen. Thomas Mann hatte noch Anfang Januar am letzten Kapitel geschrieben.

Der erste vollständige Druck in Buchform (Amsterdam: Bermann-Fischer 1949, hier als Erstdruck bezeichnet) geschah wahrscheinlich gleich anschließend, auch ohne Autorenkorrektur. Dieser Druck korrigiert viele von Thomas Manns Schreibeigentümlichkeiten, wie die Großschreibung von deklinierten Zahlwörtern (»Einer«) und von substantivierten Adjektiven in adverbialen Bestimmungen (»im Einzelnen«), die Apostrophierung von auslautenden Vokalen wie »Adorno's« und eigenwillige Orthographie. Unsicher ist der Erstdruck in der Wiedergabe der Anführungszeichen Thomas Manns. Titel werden kursiv gesetzt, jedoch missverstand der Drucker Wörter in Anführungszeichen als Titel. Was Thomas Mann lateinisch schrieb, wie »Time Magazine«, erscheint manchmal in Anführungstrichen. Von ihm unterstrichene, betonte Wörter werden gesperrt gedruckt. Dieser Druck ist trotz seiner redaktionellen Eingriffe und Fehler die letztgültige von Thomas Mann autorisierte Fassung und darum unsere Druckvorlage. Die Handschrift scheidet aus, weil sie Passagen enthält, die Thomas Mann mit Sicherheit selbst geändert hat. Andere Änderungen sind sehr wahrscheinlich von ihm autorisiert. Offensichtliche Fehler des Erstdrucks werden mit Hilfe der Handschrift auf die von Thomas Mann beabsichtigte Form zurückgeführt, jedoch nicht die Normalisierungen von Schreibeigentümlichkeiten Thomas Manns. In unserem Druck sind alle Hervorhebungen durch Kursivdruck wiedergegeben. Die in Pacific Palisades hergestellten Korrekturanweisungen enthalten auf S. 2 und 4 mehrdeutige Angaben für die Umsetzung von Wendungen, die im Typoskript in Anführungszeichen erscheinen. Wo solche Umsetzungen von der Intention abweichen, die sich klar aus der Handschrift ergibt, habe ich die ursprüngliche Absicht wiederhergestellt. Einige von Thomas Manns Falschschreibungen von Namen gingen in den Erstdruck ein. Sie und eindeutige Druckfehler des Erstdrucks wurden berichtigt wie in den *Gesammelten Werken in dreizehn Bänden*, Bd. XI.

Herbert Lehnert

DATEN ZU LEBEN UND WERK

6. Juni 1875
Paul Thomas Mann wird als zweites Kind von Thomas Johann Heinrich Mann und seiner Frau Julia, geb. da Silva-Bruhns, in Lübeck geboren. Geschwister: Luiz Heinrich (1871), Julia (1877), Carla (1881), Viktor (1890)

1889
Eintritt in das ›Katharineum‹

1893
Herausgabe der Schülerzeitschrift Der Frühlingssturm
Abgang vom Gymnasium aus der Obersekunda (heutige 11. Klasse); Umzug nach München

1894
Volontariat bei der Süddeutschen Feuerversicherungsbank
Gefallen, erste Novelle

1894–1895
Gasthörer an der Technischen Hochschule München: Kunstgeschichte, Literaturgeschichte, Nationalökonomie

1895–1898
Aufenthalte in Italien mit Heinrich Mann: Rom, Palestrina

1897
Arbeitsbeginn an den Buddenbrooks

1898
Erster Novellenband: Der kleine Herr Friedemann, bei S. Fischer

1898–1899
Redakteur beim *Simplicissimus* (München)

1901
Buddenbrooks. In zwei Bänden, bei S. Fischer

1903
Tristan. Novellenband; enthält die Erzählung *Tonio Kröger*

3. Oktober 1904
Verlobung mit Katia Pringsheim, geb. 24. Juli 1883

11. Februar 1905
Hochzeit in München

9. November 1905
Geburt von Erika Julia Hedwig

1906
Fiorenza (Drama in drei Akten)
Bilse und ich

18. November 1906
Geburt von Klaus Heinrich Thomas

1907
Versuch über das Theater

1909
Königliche Hoheit

27. März 1909
Geburt von Angelus Gottfried Thomas (Golo)

7. Juni 1910
Geburt von Monika

1912
Der Tod in Venedig. Erste Arbeiten an Der Zauberberg

Januar 1914
Bezug des eigenen Hauses München, Poschingerstr. 1

1915
Friedrich und die große Koalition

1918
Betrachtungen eines Unpolitischen

24. April 1918
Geburt von Elisabeth Veronika

1919
Herr und Hund

21. April 1919
Geburt von Michael Thomas

1922
Goethe und Tolstoi und Von deutscher Republik

1924
Der Zauberberg

1926
Unordnung und frühes Leid. Beginn der Niederschrift der Josephs-Romane. Lübeck als geistige Lebensform

10. Dezember 1929
Verleihung des Nobelpreises für Literatur

1930
Mario und der Zauberer
Deutsche Ansprache – Ein Appell an die Vernunft

1932
Goethe als Repräsentant des bürgerlichen Zeitalters
Reden im Goethe-Jahr

1933
Leiden und Größe Richard Wagners
Joseph und seine Brüder: Die Geschichten Jaakobs

11. Februar 1933
Abreise nach Holland, Beginn des Exils

Frühherbst 1933
Niederlassung in Küsnacht bei Zürich

1934
Joseph und seine Brüder: Der junge Joseph

Mai-Juni 1934
Erste Reise in die USA

1936
Joseph und seine Brüder: Joseph in Ägypten
Aberkennung der deutschen Staatsbürgerschaft. Thomas Mann wird tschechischer Staatsbürger

1938
Bruder Hitler

September 1938
Übersiedlung nach Amerika. Tätigkeit als ›Lecturer in the Humanities‹ an der Universität Princeton

1939
Lotte in Weimar

April 1941
Umzug nach Kalifornien, Pacific Palisades

1942
Deutsche Hörer! 25 Radiosendungen nach Deutschland

1943
Joseph und seine Brüder: Joseph, der Ernährer

23. Juni 1944
Thomas Mann wird Staatsbürger der USA

1945
Deutschland und die Deutschen
Deutsche Hörer! 55 Radiosendungen nach Deutschland
Dostojewski – mit Maßen

1947
Doktor Faustus

April-September 1947
Erste Europa-Reise nach dem Krieg

1949
Die Entstehung des Doktor Faustus, Roman eines Romans
Reden im Goethe-Jahr

21. April 1949
Tod des Bruders Viktor

Mai–August 1949
Zweite Europa-Reise und erster Besuch im Nachkriegsdeutschland. Vorträge zu Goethes 200. Geburtstag in Frankfurt am Main und Weimar

21. Mai 1949
Selbstmord des Sohnes Klaus

1950
Meine Zeit

12. März 1950
Tod des Bruders Heinrich

1951
Der Erwählte

Juni 1952
Rückkehr nach Europa

Dezember 1952
Endgültige Übersiedlung in die Schweiz, Erlenbach bei Zürich

1953
Die Betrogene

1954
Bekenntnisse des Hochstaplers Felix Krull. Der Memoiren erster Teil

April 1954
Einzug in das Haus in Kilchberg, Alte Landstraße 39

1955
Versuch über Schiller. Reden im Schiller-Jahr

8. und 14. Mai 1955
Schiller-Rede in Stuttgart und Weimar

12. August 1955
Tod Thomas Manns

INHALT

Die Entstehung des Doktor Faustus
Roman eines Romans

7

Nachwort

180

Daten zu Leben und Werk

183

**Ein persönlicher Rückblick
auf die Entstehungszeit des Faustus-Romans**

Von 1943 bis 1947 hat Thomas Mann an seinem großen Altersroman ›Doktor Faustus‹ gearbeitet. Der 1949 erschienene umfangreiche Essay zur Entstehung dieses Romans, seinem, wie er schreibt, »wildesten« Buch, erzählt dessen Geschichte, »eingebettet wie sie ist in den Drang und Tumult der äußeren Ereignisse«. Nach dem Vorbild von Goethes ›Dichtung und Wahrheit‹ entsteht anhand von zahlreichen Tagebucheinträgen eine Mischung aus Werkstattbericht und autobiographischem Text, der die Entstehung des Romans vor dem Hintergrund weltpolitischer Ereignisse wiedergibt und persönliche Begegnungen und Erlebnisse Thomas Manns schildert. Der Abdruck folgt der ersten Buchausgabe von 1949.

In der Textfassung der
Großen kommentierten Frankfurter Ausgabe (GKFA),
mit Daten zu Leben und Werk.

Reihenkonzept: bilekjaeger
Umschlaggestaltung: Vier für Texas ∗ Ideenwerk
Abbildung: Archiv S. Fischer Verlag

www.fischer-klassik.de
ISBN 978-3-596-90404-4